GĪTABHĀRATAM

GĪTABHĀRATAM

Kshirod Chandra Dash

Motilal Banarsidass Publications

गीतभारतम्

रेवेन्साविश्वविद्यालयस्य संस्कृतविभागमुख्यया डः शुभश्रीदाश-
कृतया अमृताख्यव्याख्यया सानुवादं समुल्लसितम्

कविः श्री क्षीरोदचन्द्रदाशः

MLBD PUBLICATIONS

मोतीलाल बनारसीदास पब्लिकेशन्स

MOTILAL BANARSIDASS
PUBLICATIONS
4741/23, Ansari Road, Daryaganj, New Delhi - 110002 (India)
Email: *mlbd@mlbd.com* | *sales@mlbd.com* | *exports@mlbd.com*
Website: *www.mlbd.com*

Gītabhāratam
by
Kshirod Chandra Dash

First Edition Published in 2022

Published in India by Motilal Banarsidass Publications

ISBN : 978-93-91759-66-7 (HB)

Printed and bound in India

DEDICATION

For my revered parents:

Smt. Haramani Dash
Pt. Janardan Dash
&
For my revered teacher:

Prof. Ananta Charan Sukla

ACKNOWLEDGEMENTS

At the very inception of my student career during school days Pt. Priyanath Mishra (Barhaipur, Bheda, Cuttack) inspired my Sanskrit learning and during higher studies Prof. Anam Charan Swain, M.A (BHU), A.M & Ph D (Harvard) and Prof. Krishna Chandra Acharya, M.A, Ph.D (Utkal) with other distinguished teachers promoted the same. In course of time as a college teacher at Bargarh I could come in contact with a reputed physician and Sanskrit poet Dr. Purna Chandra Kalavatiya/Shastri who belonged to Khandela, Rajasthan. He initiated me with the skill of Sanskrit metrical compositions which transformed me into a Sanskrit poet. There I composed *Tāruṇyaśatakam*, the edited and translated version of which is now published by Motilal Banarsidass Publications. Prof. Ladukeswar Satpathy, Head of the P.G Teaching Department of Sanskrit, Gangadhar Meher College (now university), a great votary of Sanskrit learning could sing the merits of these compositions in metrical Sanskrit stanzas which are appended to the above book. Thus I was inspired to compose Sanskrit stanzas more and more. I carried on my research works under the supervision of a renowned Sanskritist Prof. Ananta Charan Sukla, Head of the Department of English, Sambalpur university. He was a globally acknowledged aesthetician and literary theoretician of repute who founded Vishvanath Kaviraj Institute of Comparative Literature and Aesthetics and edited JCLA (Journal of Comparative Literature and Aesthetics). He opened my gate-way to research and inspired my creative/trans-creative Sanskrit compositions with profound love and wishes. This book, *Gītabhāratam*, is the out put of the will and wishes of these great savants of Sanskrit Study. I extend my deep sense of gratitude to all of them and invoke their blessings from their heavenly abodes.

Dr. Subhasree Dash, Head of the Department of Sanskrit, Ravenshaw university could come to know about the completion of this new composition and with great enthusiasm completed its English translation and offered a Sanskrit commentary titled *Amṛtā vyākhyā* to it. I extend my hearty thanks to her for her scholarly inputs.

I extend my heartfelt thanks to M/S Motilal Banarasidass Publications with Sri Pranav Jain for their Sincere and admirable efforts in bringing the text to light.

Kshirod Chandra Dash

PREFACE

पदं हि सर्वत्र गुणैर्निधीयते – कालिदासः
(Everywhere a foot is set by merit)

Gītabhāratam is a book of songs for the people of India, a great country of many dimensions. India's ethos, spirituality, landscapes, and societies together constitute its human geography. As simple as it looks to comprehend its nuances in the realm of imagination, it never fails to surprise its beholders with an enthralling trance as they begin to assimilate India within their lived experiences. At times it manifests as the craft of an artisan where ears eaves-drop to the whispers of the sculpted protagonists, and at others it looks like an epic saga of ethnographic evolution that palpitates through its people and culture. India is not just a country but an emotion which can be experienced as one rafts through its rivers, treks through its mountains, trodes through its terrains, tours through its forests, and travels through its villages. The readers/singers of the Gitabhāratam can visualise the nooks and crannies of India and experience the joys of this great nation as they interact with it.

Kavivara Radhanatha Ray's patriotic composition titled *Bhāratagītikā* that begins with *'sarveṣāṁ no'* inspired me to compose these songs. To commemorate this I have composed the First Song of this book with *'sarveṣāṁ no'* as a tribute to Kavivara. This humble poetic effort is supported with commentary in Sanskrit and English translation by Dr. Subhasree Dash, Head of the Department of Sanskrit, Ravenshaw University, Cuttack. She has also prepared the *ślokānukramaṇī*/Index of verses and *śabdasaṁgrahaḥ*/ Glossary for this text. She is an academician of repute and

I thank her sincerely for her reader-friendly and scholarly endeavour.

All through this poetic journey I have breathed joy with every verse coming to life. Now I shall consider my efforts successful if these songs are put to chorus for enjoyment and win over the appreciative attention of the connoisseurs of literary art.

Kshirod Chandra Dash

FOREWORD

The *Gītabhāratam* is a unique piece of poetic art in the history of Sanskrit literature. It is the compendium of thirty two patriotic songs which heightens the glory of India through musical notes. The book begins with an introduction (*upanyāsa*) which is devoted to *Vāgdevatā* (The Divine Speech) followed by *Bhāratagānam* (The Song of India) and ends with *Viśvagānam* (The Song Universal) that inculcates the universal spirit in human life. It is followed by an epilogue of two verses in two different metres like Vasantatilakā and Anuṣṭup respectively. The songs portray the topography, language, literature, culture, art, architecture, sculpture, and life of the people across India. They promote righteousness with patriotic and moral values and present the ancient as well as modern Indian lifestyle laced with zest and joy. In addition to these, the higher pleasures of life which are associated with wisdom are also evoked by the merits of this work. The moment these poetic lines are put to musical rhythms, the glory and prosperity of India vibrate in the hearts of the listeners and make them one in exploring the beauty and voicing love for humankind.

The poetic lines of the *Ṛgveda* when put to music are known as *sāman* (*gāna*/song). Hence, Lord Krishna in the *Bhagavadgitā, 10.22* proclaims that out of all the four Vedas I am *Sāmaveda –"VedānāṁSāmavedo'smi"*. This suggests that songs, music, dance, drama, literature, etc. are the crossroads of life where all communities meet and feel that they are one and the same in this glorious land. National songs like the *Gītabhāratam* are the means to appreciate the differences and rejoice the similarities of each other's culture. In this way, this text contributes immensely to National Integration where poetry connects people.

The metre/*rāga* used in the *Gītabhārata*-songs presents

a pattern of couplets that are structured into lines of seven four-beat measures. This may be observed in the very opening couplets of the first song as follows:

सर्वे/षां नो/ स्वर्णिभ/पावन/भारत/धाम सु/शोभम् ।
जय जय/ जय चिर/मार्चिक/भारत/मार्जव/भावनि/धानम् ।। (१/१)

SS/SS/SII/SII/SII/SII/SS
II II/II II/SII/SII/SII/SII/SS (1/1)

लोध्रक/–केसर/–कुन्द–क/मल–नव/नीप–शि/रीष–सु/वेशम् ।
कुरुवक/–चम्पक/–राग–वि/भासित/–पुलकित/–सौरभ/–देशम् ।। (१/८)

SII/SII/SII/II II/SII/SII/SS
II II/SII/SII/SII/II II/SII/SS (1/8)

The dominant metrical units of songs reflect for seven times the four-beat subdivision of the rhythmical pattern/ *tāla* of both Hindustani and Karnataki classical music. The first couplet of each of the songs is marked *dhruvam* which is used as the refrain to each of the succeeding couplets. In the musical measures the strikingness relating to the sound is marked in *śabdālaṁkāras* like alliteration (*anuprāsa*), chime (*yamakam*), and rhyme (*antānuprāsa*) etc. which play the important role of involving the echo of repeated sounds in a line. The strikingness relating to sense gets realised in the *arthālaṁkāras* like *upamā, rūpakam, utprekṣā* etc. which expand the hearts of the audience by unfolding the nuances of the text.

Each of the stanzas is self-standing and when sung together communicates the complete picture of a State/ Union Territory or a political territorial unit of India and at the same time when any one of the stanzas is separated or discontinued from the unit of an *aṣṭakam* (a whole consisting of eight parts/stanzas) it neither affects its contiguity nor affects its enjoyment. Enlightening in a delightful way, the poems invoke the feeling of joy and patriotism instantly. The music added to the poems elevates their spirits as they cross cultural boundaries beyond spatiotemporal dimensions to lighten the mood of the listeners by becoming the antidote to anxiety & depression.

The undercurrents of the poems are enhanced by the flow and the grasping power of the language that create a happy marriage of the subject of description and the technical/poetic devices effectively. This enables the audience to understand and experience the elevated human thoughts in a well organised social life. The beauty of the song is realised in the perfection of its form that successfully pairs to the meaning. In any song the form (that includes the stylistic presentation, verbal glamour, meter etc.) is more important than the creative process. Here in these poetic lines brevity is the soul of expression that comes with alliteration, assonance, consonance, euphony, rhyme, and rhythm. Each of the songs and the stanzas there in merit a picturesque representation. The poetic stanzas allow the audience to revisit possibly all the emotions they experience in their day to day lives. In this regard the purpose of poetry noted by Mammaṭa may be read as follows:

काव्यं यशसेऽर्थकृते व्यवहारविदे शिवेतरक्षतये ।
सद्यः परनिर्वृतये कान्तासम्मिततयोपदेशयुजे ।।

which means – poetry brings fame, worldly knowledge and relief from evils, instant and perfect happiness, and words of sweet counsels as if from the lips of a lovely lady. (*Kavyaprakash*,1.2)

The *Gītabhāratam* presents the songs of the people of India who accept life with a spirit of joy. Tunes of these songs captivate and enrapture the audience and elevate their moods much beyond their regional boundaries and serve as the heightened bridges to put India in the common cultural track of human excellence.

Commentaries and translations help the readers get close to the meaning and bring the original text closer to their hearts. In support of this text, the Sanskrit commentary and English translation offered by Dr.Subhasree Dash are commendable contributions to the domain of literature.

I congratulate the poet Prof. Dr. Kshirod Chandra Dash and his publisher for their noble attempt in creating a great cultural bond among the people of India through this book while enlivening the age old voice of Sanskrit songs.

Prof. Kishore Chandra Padhy
Head, Department of Vyakarana (Retd.)
Ex-Vice Chancellor,
Shri Jagannath Sanskrit Vishvavidyalaya, Puri

TRANSCRIPTIONS

Vowels and dipthongs : a, ā, i, ī, u, ū, ṛ, r̄, e, ai, o, au

Gutturals : k, kh, g, gh, ṅ

Palatals : c, ch, j, jh, ñ

Cerebrals : ṭ, ṭh, ḍ, ḍh, ṇ

Dentals : t, th, d, dh, n

Labials : p, ph, b, bh, m

Semi-vowels : y, r, l, v

Sibilants : ś, ṣ, s

Aspiration : h

Visarga : ḥ

anusvāra : ṁ

TABLE OF CONTENTS

GĪTABHĀRATAM: SANSKRIT TEXT

गीतभारतम्

उपन्यासः

वाग्देवता

श्रीकालिदास–प्रतिभाऽधिवासा
सङ्गीततानै र्जयदेव–वन्द्या ।
संस्कारदां भारतभां भरन्ती
वाग्देवता शं सततं तनोतु ।। १ ।।

वाणी सुतन्त्रीः शुभगानयुक्ता
ग्रन्थः स्वतन्त्रः सुसिद्धान्तपूर्णः ।
शुभ्रा स्वयं तद्वहनादनन्या
देवी सुरम्या स्वररागधन्या ।। २ ।।

स्थानत्रये राजत एव शक्ता
कालत्रयेणाऽपि प्रभावसिद्धा ।
विद्वद्बलं राजबलं विवर्ध्य
वाणी स्वयं 'सङ्गमनी वसूनाम्' ।। ३ ।।

अनिन्दितायाः कविताङ्गनायाः
सुवर्णपुष्पप्रकरैः प्रसिद्धा ।
आभाति वाणी कविकाननेषु
दिव्यार्थशोभाभरणा विशुद्धा ।। ४ ।।

नवीनशब्दाकलनान्नताङ्गी
वाणी वसन्ते लतिकाङ्गनेव ।
समस्त भाव–प्रसर–प्रसूना
कालान्तरेणाऽपि नवं प्रसूते ।। ५ ।।

पूर्वानुभूतौ परिलिप्तशोभा
नवीनभावेष्वधुना विदग्धा ।
विनाशयित्री तमसः पुरस्ताद्
आभाति वाणी नवबाणगर्भा ।। ६।।

छायाप्रकाशाङ्कितचारुमध्या
या सत्यमिथ्यान्तरभावलीना ।
वाणी वधूटीव निधानगर्भा
प्रकाशते किं कवितां वहन्ती ।। ७।।

विलासचेष्टा यदि कल्पनाया-
मैन्द्रं धनुश्चेन्मनसः प्रभायाः ।
समीहसे वा निजभावभूमिं
सखे तदा वाग्देवतां भजस्व ।। ८।।

प्रथमः सर्गः

भारतगानम्

सर्वेषां नो स्वर्णिभपावनभारतधाम सुशोभम् ।
जय जय जय चिरमार्चिकभारतमार्जवभावनिधानम् ।। ध्रुवम् ।। १ ।।

अब्धेरुत्तरमाहिमगिरिमतिविस्मृतदेशविशेषम् ।
विन्ध्य–महेन्द्र–मलयगिरि–सह्यक–सुक्तिक–पारिकयात्रम् ।। २ ।।

सिन्धु–सरस्वति यमुने गङ्गे रेवे भवदभिषिक्तम् ।
गोदावरि कावेरि उपगतमिह सघनकाननकुञ्जम् ।। ३ ।।

स्वर्णिभमादृतमिह भुवनं हृदि मानद–मानव–नीडम् ।
श्रुतिमधुरध्वनि–काकलि–सम्मत–नव –नव–संगत–तानम् ।। ४ ।।

वीरनिकेतन–भारत–केतन अविरत–वर्धित–मानम् ।
स्वर्गजिगीषुभिरिह शुभकर्मसु दीयत एव तु दानम् ।। ५ ।।

ज्ञानविवर्धक–सुन्दर–मन्दिर–तक्षशिला–परिपूतम् ।
नालंदाश्रुतचेतनया परिशीलित–संस्तुत–लोकम् ।। ६ ।।

सैन्धव–वैदिक–जैन–सुबौद्धिक–वर्धित–दर्शन–सिद्धम् ।
ऋषिमुनि–मानस–हंस–विराजित–शास्त्रसरोवर–शुद्धम् ।। ७ ।।

लोध्रक–केसर–कुन्द–कमल–नवनीप–शिरीष–सुवेशम् ।
कुरुवक–चम्पक–राग–विभासित–पुलकित–सौरभ–देशम् ।। ८ ।।

द्वितीयः सर्गः
अरुणाचलधामगानम्

देवानां भूभारतमुपगतमरुणभुवनमतिशोभम् ।
जय जय चिरमरुणाचलधाम तु भारतभावनिधानम् ।। ध्रुवम् ।। १ ।।

कांटो–कांसं–तक्पशिरिगिरि–सुगोरिकचेन्गिरि–गौरम् ।
नंचमदिन्शिखरादिभिरुन्नत–विस्तृतमिव कृतसालम् ।। २ ।।

सीयां–कामें–लोहित–सुवनशिरिभिरिह विकसित–तीरम् ।
नोआद्हिंजल–रम्यदिवंजल–सेचन–समुदित–सारम् ।। ३ ।।

उषसि विभावसु–हेमकरारुणगिरि–खग–संगत–तानम् ।
वृक्षग–सस्वन–गिब्बन–युगल–कलायन–चलन–निनादम् ।। ४ ।।

नीलगगनतलशाद्वलकुथनिभ सान्द्रवनतिमिरघोरम् ।
क्रमनतशैल–कटक–तलमाश्रित–हिंस्त्रकजन्तु–विहारम् ।। ५ ।।

हरितकपोत–मयूर–शतच्छद–पेचक–तनुकशुकाभम् ।
सारस–कांचन–चातक–निनटिक–कोकिल–कलित–सुरागम् ।। ६ ।।

आर्कडपुष्पविभासितमण्डलमिहकृतकुसुम–विहारम् ।
होलं–कान्तलकाप्रिकटद्रुम–कंपन–सरस–समीरम् ।। ७ ।।

शैवग–बौद्धग–विविधसुसंस्कृति–सारसमाश्रितगानम् ।
नृत्यकला–श्रुतकारुकलाकृति–वर्धित–भारतमानम् ।। ८ ।।

तृतीयः सर्गः
आण्डामान-निकोवरधाम-गानम्

आण्डामान-निकोवर-धाम सुशोभन-मानव-तीर्थम् ।
तज्जय जय चिरमुन्नतधाम तु भारतभावनिधानम् ।। ध्रुवम् ।। १ ।।

शैदल-थुलियर-देवन-चोलुं-नार्कंदमगिरिशृङ्गम् ।
द्यावल-वारेनोल्धम-हार्रियत-विहित-निर्भरनाभम् ।। २।।

स्रोतसि कलभर-कल्पोङ्गतटज-मञ्जुल-हरितविकासम् ।
मितकरि-कोरं-रंगत-पेमनद-जनित-निरत-विलासम् ।। ३।।

वीरुदधिवसित-वृक्षवनावलि-नवबहुपत्रक-वासम् ।
नीलगगनतल-पातुककानन-चिरहरितवन-विभासम् ।। ४।।

कुंजर-हिंगुल-चित्रल-सम्बर-कासर-कलित-विहारम् ।
चित्रक-भल्लुक-शूकर-वन्यशुनक-कपिजितवनघोरम् ।। ५।।

हरितकपोत-मयूर-निकोवरपारावत-कलतानम् ।
श्येन-तनुकशुक-कादंब-चटक-मेगापड-खग-यानम् ।। ६।।

क्रेपमइलकुसुमार्कडपुष्प-विभूषित-रम्यनिवासम् ।
नोनि-पचेलिम-रामफल-कदलिका-सुरभिभर-विभातम् ।। ७।।

शंखक-शुक्तिपुटाश्रित-कारुकलोदित-तक्षणभानम् ।
उत्सवमय-जनजीवन-शोभननृत्यनिकोवरि-गानम् ।। ८।।

चतुर्थः सर्गः
आसामधाम-गानम्

आसामांशुभ्राजितभारतमुपगत-दैवत-शोभम् ।
तज्जय जय चिरमुन्नतधाम तु भारतभावनिधानम् ।। ध्रुवम् ।। १।।

तुङ्गशिखरि-परिरम्भित-सुन्दर-कानन-लम्भित-लोभम् ।
ब्रह्मपुत-सुवनशिरि-धनशिरिजल-शीलित-हरित-शुभाङ्गम् ।। २।।

होलं-गुर्जन-पिप्पल-निम्ब-रसाल-खदिरक-निवासम् ।
प्रवदर-ताल-पनस-वट-खर्जुर-फलभर-जनितसुहासम् ।। ३।।

खेलनमाश्रित-गिब्बन-गण्डक-कासर-चित्रक-रासम् ।
व्याघ्रजगर्जन-कंपित-गज-मृग-तनुकवराह-निरासम् ।। ४।।

सारस-हंस-करण्डव-तित्तिर-कोकिल-कलन-विलासम् ।
चिञ्चुकि-वर्तक-काक-विहगशत-दुर्लभरङ्गविभासम् ।। ५।।

कैरव-पाटल-रक्तजवासुम-कपुफुल-हल्लक-वासम् ।
पारिकजात-महोत्पल-मालति-मातुल-सुरभि-सुहासम् ।। ६।।

कोमलकौशिक-वासवपनकृति-सौचिकचारुविलासम् ।
मार्तिक-विस्मय-कारुकलादिसु दर्शित-भारतभासम् ।। ७।।

उत्सव-शोभित-लोककला-बिहुनृत्यकला-प्रतिहारम् ।
बहुविध-मानववर्ग-समादृत-विकसित-संस्कृति-सारम् ।। ८।।

पञ्चमः सर्गः

उत्कलधामगानम्

देवानां भूभारतमुपगतमुत्कलमुपवनशोभम् ।
जय जय जय चिरमुत्कलधाम तु भारतभावनिधानम् ।। ध्रुवम् ।। १।।

हिमगिरितलगत-मानवमाश्रित-संस्कृतिप्रभमुपगङ्गम् ।
व्यासविनोदित-कविकुलकल्पित-मुनिवरमञ्जुलदानम् ।। २।।

गिरिझरझंकृत-मधुकरगुञ्जित-गुम्फितकोकिलरागम् ।
नवजलसेचन-कम्पित-तरुवर-पुलकित-कानन-भागम् ।। ३।।

मुनिजनवाञ्छित-कुञ्जवनावलि-शान्तविमोहनवेशम् ।
उन्मद-काकलि-मिश्रित-कलकल-कुञ्जर-केसरि-रासम् ।। ४।।

उषसि विमोचित-मन्दिर-चुम्बित-दीप्तविभाकर-भासम् ।
सुरजननन्दित-कनकचषकनिभ-मुकुलित चम्पकवासम् ।। ५।।

ताल-तमाल-रसाल-पनसदल-कम्पन-लंघित-वातम् ।
ऊर्मिभिरञ्चित-मृदु-मधुराहत-जलनिधिमधिगतहर्षम् ।। ६।।

वैतरणि महानदि शावरिके स्वर्णरखे ऋषि पुष्टम् ।
वंशधरे भवदुन्नतमुत्कलमुल्लसितं प्रतितीरम् ।। ७।।

अर्पित-गुरुकुल-भाष्यविभूषित-कल्पित-दैवतशास्त्रम् ।
स्थपति-कलाकृति-गौरवमण्डित-स्वर्णक-दाय-निकासम् ।। ८।।

षष्ठः सर्गः

उत्तरभारतगानम् (उत्तरप्रदेशोत्तराखण्डादीनाम्)

स्वर्गाभं नो रामज–कृष्णज–पावन–धाम सुशोभम् ।
जय जय जय चिरमुत्तरदिग्भृत–भारतभावनिधानम् ।। ध्रुवम् ।। १।।

नन्दादेवी–काञ्चनजंघा–हैमशिलोच्चय–हासम् ।
आम्सोट्–पञ्छुलि–कामेत्–कोटद–चन्द्रशिला–गिरि–भासम् ।। २।।

गङ्गा–यमुना–तमसा–घाघ्रा–गोमतिका–परिपूतम् ।
गण्डकनदि सरयू शुभ–सोने भवदभिषेकसमृद्धम् ।। ३।।

पिप्पल–वट–गिरिनिम्ब–रसाल–कपित्थ–लिचेय–सुवासम् ।
अर्जुन–निम्बक–पेरुक–वंजुल–मञ्जुल–कानन–वेशम् ।। ४।।

व्याघ्रमहाबल–राजिलवृककुल–चित्रक–शल्यक–दावम् ।
वनवरसिंघ–गवय–वरगण्डक–मृगमदसौरभ–लाभम् ।। ५।।

सारस–हंस–हिमालयिवर्तक–कांचन–खगकुल–भानम् ।
चाष–विविधशतपत्रक–रोविन–कलरव–कृतजयगानम् ।। ६।।

ब्रह्मकमल–नवकिंशुक–पाटल–मल्लि–सुवंचलिकाभम् ।
कुब्जक–कैरव–रङ्गविविधसुम–सौरभ–लम्भित–लोभम् ।। ७।।

भास्वर–नागर–शिल्पकलाकृति–मन्दिर–सुन्दर–गात्रम् ।
हिन्दुस्थानि–सुगान–विवर्धित–बहुविधसंस्कृति–मित्रम् ।। ८।।

सप्तमः सर्गः

केरलधाम-गानम्

आरावाब्धेः तीरगभूमिषु नन्दनवनमिवशोभम् ।
जय जय जय भुवि केरलधाम तु भारतभावनिधानम् ।। ध्रुवम् ।। १ ।।

प्रोन्नतसालनिभोदित-पश्चिमघाटविभोत्थित-लोभम् ।
करिमकुलंगिरिराजिभिरागत-मानव-विस्मितिभावम् ।। २ ।।

पेरियरामृत-भारथपूजा-काल्लडिकृतकलनादम् ।
छलियर-नेयर-मिनछिल-संगत-पुलकित-जलधितरङ्गम् ।। ३ ।।

कौशिकफल-जलवेतस-खर्जुर-तृणवदरादल-भानम् ।
चन्दन-पिप्पल-भूर्ज-करस्कर-वटकृतहरितवितानम् ।। ४ ।।

व्याघ्रविदारित-कुञ्जर-कानन-केसरि-गर्जन-घोरम् ।
कासर-खिंकर-चित्रक-भीषण-संकितमनुजविहारम् ।। ५ ।।

सारस-चातक-श्येन-करण्डव-काक-पिकागततानम् ।
मण्डलवलयित-रङ्गविविधखग-चुंकृत-कैरलगानम् ।। ६ ।।

चम्पक-वञ्जुल-सेवतिकोत्पल-मल्लि-सुरभिसृतवातम् ।
आरग्वध-नवनीलकुरिंजिक-मुहुरनुवर्धितरागम् ।। ७ ।।

सर्वग-सुन्दर-सार-हरितवन-कुड्मलभर-मृदुहासम् ।
ईश्वरधाम नु केरलधामकिमिति विजनित-प्रतिकाशम् ।। ८ ।।

अष्टमः सर्गः

कर्णाटक-गानम् अथवा कन्नडधामगानम्

देवानां भूभारतमुपगत-नन्दनवनमिव शोभम् ।
जय जय जय भुवि कन्नडधाम तु भारतभावनिधानम् ।।ध्रुवम् ।। १ ।।

मुल्लयनगिरिग-भास्करचुम्बित-शिखरसमुत्थित-रागम् ।
वावाबुदनक-पुष्प-कुमारक-गैरिक-गौरव-गानम् ।। २ ।।

कृष्णे गोदे कावेरी-नदि भवदभिमतमिह तीरम् ।
सरवति काविनि पेन्नयि भवदुद-सिंचन-संगत-सारम् ।। ३ ।।

छनन-करच्छद-पिप्पल-वटतरु-चन्दन-निम्ब-रसालम्
जम्बुक-तिन्तिडिकादर-कीचक-गुञ्जन-साधिततालम् ।। ४ ।।

श्वापदसंकुलकानन-पिङ्गलकपिकुल-गजकुल-रासम् ।
कासर-खिंकर-भल्लुक-चित्रक-वन्यवराह-निवासम् ।। ५ ।।

कांचन-सारस-हंसक-पिक-वक-हरितकपोत-वितानम् ।
श्येन-कलिङ्ग-शतछद-खगकुल-चुंकृतश्रुतवनगानम् ।। ६ ।।

पाटल-चंपक-कुन्द-महोत्पल-विविधसुमहसित-तीर्थम् ।
पट्टकला-शुभशिल्पकलादिभिरादृतभारतनाट्यम् ।। ७ ।।

पूजितगुरुकुल-तर्कसमर्थनमधिगत-गुणिगण-गानम् ।
गौरवमण्डित-कन्नडधाम तु विश्वविभासितभानम् ।। ८ ।।

नवमः सर्गः

गुजुराटधाम-गानम्

सर्वेषां नो पावनधाम सुदिव्यकमलनिभ-शोभम् ।
तज्जय जय गुजुराटमलंकृत-भारतभावनिधानम् ।।ध्रुवम् ।। १ ।।

शेत्रुञ्जय-शुभसातपुरागिरि-विल्सन-रैवत-नाभम् ।
पर्णेरापवगधगिरिचुम्बित-मङ्गलवनकृतवासम् ।। २ ।।

सावरमति महि तापि सरस्वति नर्मदनदि भवदाभम् ।
दामन-वत्रक-रुक्मवती-भदरादिविराजित-भागम् ।। ३ ।।

नारायण-सुरसागर-सुपुतर-मुन्सर-पर-परिपूतम् ।
गङ्गासर-शुभकंकरियाह्रद-गोमतिका-हसिताभम् ।। ४ ।।

गिर्वनसंचरि-पशुकुलभेदक-केसरि-हुंकृतनादम् ।
श्वापदसंकुल-चिंकृतकपिकुल-झिल्लिकझंकृत-दावम् ।। ५ ।।

विस्तृत-सागरतटमनुधावित-गर्जित-रम्यतरङ्गम् ।
सिञ्चितकानन-पुष्पिततरुवन-वर्धित-नवनव-रागम् ।। ६ ।।

कैरव-पाटल-विकचकमलदल-परिगत-सौरभ-वातम् ।
सन्धिजया नवमल्लिकया परिरम्भित-सेवित-वेशम् ।। ७ ।।

बहुजन-संस्कृति-सारसमाहृत-बहुजन-संगत-तीर्थम् ।
स्थपतिकलाकृति-वैभव-भासित-जीवन-कृतचरितार्थम् ।। ८ ।।

दशमः सर्गः
गोवा-गानम्

देवानां भूभारतमुपगतगोवाधाम सुतीर्थम् ।
तज्जय जय भुवि शोभनधाम तु भारतभावनिधानम् ।।ध्रुवम्।। १ ।।

पश्चिमघाटशिलोच्चयसंगत-दिव्यभुवनममिताभम् ।
आरवसागरतीरगभूमिषु नन्दनवनमिव शोभम् ।। २ ।।

द्वीपविभवपरिपूर्णजलधिजल-तरणिविहारविलासम् ।
पंक्तिषु वियति विराजित-खगकुल-कृतशुभ-कलरव-हासम् ।। ३ ।।

औषधजलभर-निर्मलपुष्कर-सुधवल-सिकतिल-तीरम् ।
दोलितफलनतकानन-नन्दित-सुमसुरभिभरसमीरम् ।। ४ ।।

उत्कतरङ्गजुवार्यभिनन्दित-माण्डविजलज-विभासम् ।
उभयजपावनसंगम-मोरमुगाँव-सुपोतनिवासम् ।। ५ ।।

रक्तार्जुन-सहकार-शिरःफल-पिप्पल-ताल-निवासम् ।
कोकम-शाक-पनसतरु-साल-हरितवन-संचरि-वातम् ।। ६ ।।

चित्रक-जम्बुक-खिंकर-शूकर-वृक-कपि-जित-वनघोरम् ।
चित्रल-सम्बर-भषनकुरङ्गम-कासर-सकल-विहारम् ।। ७ ।।

पूर्वज-भारत-संस्कृति-संगत-पश्चिमशैल्पिकभानम् ।
शोभननृत्यविनोदितजीवन-विपुलपुलकभरगानम् ।। ८ ।।

एकादशः सर्गः
छत्तीसगढ-गानम्

सर्वेषां नो शोभनभारत-मानव-पावन-तीर्थम् ।
छत्तीसगढं जय शुभधाम तु भारतभावनिधानम् ।।ध्रुवम् ।। १ ।।

विन्ध्य-सुमैकल-सातपुरा-कुलशैलज-दिव्यविभासम् ।
नीलगगनतल-फलभरवनभुवि रम्यक-रूप-विकासम् ।। २ ।।

इन्द्रावति-शिवनाथ-महानद्यब्भर-राजत-रूपम् ।
सोण्ढुर-पैरि-महानदसंगम-राजिमपत्तन-तीर्थम् ।। ३ ।।

तिन्दुक-बीजक-सल्लकि—शाक-सुसाल-मधुकहरिताभम्।
आग्रल-विल्व-लिचेय-रसाल-पनसफल-वैभव-लाभम् ।। ४ ।।

व्याघ्रजगर्जन-चित्रक-शूकर-वृक-वनधावन- घोरम् ।
शल्यक-हंगुल-भषनकुरङ्गम-कासर-गवय-विहारम् ।। ५ ।।

हंस-कलिङ्ग-तनुकशुक-वर्तक-वक-पिक-रम्यविभातम् ।
वर्णविविधसुम-संगत-कोपुफुल-सुरभि-सिंचित-वातम् ।। ६ ।।
लौकिक-शैल-सुनृत्यकला-प्रियफुगुडिज-नर्तन-तानम् ।
शिशुकुलरञ्जक-लौरिषु सम्मतमिव शुभसोहरगानम् ।। ७ ।।

ढ़ोक्रा-सुन्दरशिल्पकला-श्रितकौशिकवस्त्रज-भानम् ।
मध्यमभारततण्डुलनिधिरिति मानित-नाम-विधानम् ।। ८ ।।

द्वादशः सर्गः
जम्मुकश्मीरधाम-गानम्

श्रीजाम्मुं श्रित-काश्मीरभुवनमिति भुवि मानवतीर्थम् ।
तज्जय जयचिरमुन्नतधाम तु भारत भावनिधानम् ।।ध्रुवम् ।। १ ।।

शीतलमुक्तपवनपरिरम्भित-नीलगगनमतिशोभम् ।
हिमगिरि-संयुत-नगपिरपञ्जलराजिधवलहसिताभम् ।। २ ।।

सिन्धु-सुझेलम-चेनव-राविनदीजल-मधुरविहारम् ।
श्यामल-सुन्दर-विकसितभुवि किमु हीरकहार-विसारम् ।। ३ ।।

कुट्टिमदारु-भवान्यम्बुजतरु-देवकदारु-निवासम् ।
काननशोभनतूदाखोटक-केलकवृक्ष-विकासम् ।। ४ ।।

हिंगुलक-तुहिनचित्रक-जम्बुक-पिङ्गलभालुक-रासम् ।
भषनकुरङ्गम-वनशुभहरिणक-नृत्यविहार-विलासम् ।। ५ ।।

मनसवलकमल-काच्नर-केसर-सुमनरगीसग-वातम् ।
मल्लि-सुवंचलिका-सुजपा-सजपोषजसुरभि-विभातम् ।। ६ ।।

मेचककन्धर-सारस-निनटिक-काक-शतच्छद-पुञ्जम् ।
नीलकपोतक-खगकुल-कलरव-मधुकरगुञ्जितकुञ्जम् ।। ७ ।।

शोभनचक्रि-सुनर्तन-सौफिकगान-मनोरम-तानम् ।
कारुकला-शुभचारुकलादिभिरङ्कित-भारतमानम् ।। ८ ।।

त्रयोदशः सर्गः
झारखण्डधाम-गानम्

देवानां भूभारत-पावन-हरितभुवनमतिशोभम् ।
तज्जय झारसुखण्डसुधाम तु भारतभावनिधानम् ।।ध्रुवम् ।। १।।

पारसनाथशिखरिकुलमण्डित-तुङ्गशिखरहसिताभम् ।
ध्वजधर-नेतरहाटक-कोह्लुअ-टागुरगिरिकृतदुर्गम् ।। २।।

दामोदर-शुभसोन-सुवर्णरखाजल-कलभर-तानम् ।
गङ्गा-कोयल-शोभनसिंचन-कृतमिह फलभरगानम् ।। ३।।

साल-रसाल-विभीतक-वंश-मधूक-पनसतरु-वासम् ।
शाल्मलि-केसर-जाम्बव-निम्ब-कदम्ब-शिरीष-सुवेशम् ।। ४।।

व्याघ्र-वराह-वृकाकुल-कानन-चित्रक-वानर-रासम् ।
जम्बुक-खिंकर-कासर-मृगकुल-शल्यक-कलित-निवासम् ।। ५।।

कोकिल-कांचन-चातक-वर्तक-चटक-मयूर-विहारम् ।
श्येन-करण्डव-काक-तनुकशुक-हरितकपोत-वि-रावम् ।। ६।।

किंशुक-पारिसुजातक-मल्लि-सुवंचलिका-सुम-भासम् ।
कैरव-पाटल-फुल्लमहोत्पल-कुन्द-कदम्ब-सुहासम् ।। ७।।

वंशज-काष्ठज-शिल्पकलाश्रुतकोह्वर-चित्रग-भानम् ।
संगतसुन्दर-लोककला-शुभनृत्यकलोदितगानम् ।। ८।।

चतुर्दशः सर्गः
तामिलधाम-गानम्

देवानां तत्सागर-पावित-दिव्यभुवनममिताभम् ।
जय जय जय भुवि तामिलधाम तु भारतभावनिधानम् ।। ध्रुवम् ।। १।।

नील्गिरि-दोद्बेटारुण-वेल्लिय-शैलविसारित-शृङ्गम् ।
मेघमलायि-पलानिक-कोल्लिभिरुद्गत-रम्यशुभाङ्गम् ।। २ ।।

भेल्लर-पालर-वैगयि-भैपर-थामिरवरणि-सुवेशम् ।
कावेरी-थेन्पेन्नयि-वारिभिः पुष्पफलाभरभासम् ।। ३ ।।

पिप्पल-शाल्मल-साल-रसाल-कदम्बक-निम्ब-सुशोभम् ।
ताल-करच्छद-तिन्तिलिका-वट-गुल्मजटिल-कृतयोगम् ।। ४।।

नील्गिरिताहर-शल्यक-कृष्णहरिण-बहुवानर-वासम् ।
व्याघ्रगताकुलभल्लुक-चित्रककुञ्जर-कारित-रासम् ।। ५।।
हरितकपोत-करण्डव-सारस-काक-पिकाकुल-रागम् ।
विविध-वि-कूजन-मधुकरगुञ्जन-संतत-मुखरित-दावम् ।। ६।।

पद्मसरोवर-सौरभ-सिंचित-समुदित-पान्थग-हर्षम् ।
अग्निमुखीसुमराजिषु मोदित-तामिलभारतवर्षम् ।। ७।।

वेद-कुरालगधर्मसमाश्रित-मुनिजन-पावनतीर्थम् ।
भास्वर-कारुकलाकृति-साधित-विश्रुत-भारतनाट्यम् ।। ८।।

पञ्चदशः सर्गः
तेलगुधामगानम्

देवानां तत्सागरतटगतदिव्यभुवनमिव शोभम् ।
जय जय जय भुवि तेलगुधाम तु भारतभावनिधानम् ।।ध्रुवम् ।। १।।

नीलशिलोच्चय-शेषाचल-घनमङ्गलगिरि-वन-वासम् ।
आर्माकोण्डादिविविध-विस्तृत-पर्वत-शिखर-विकासम् ।। २।।

गोदा-कृष्णा-स्वर्णमुखी-मुषि-भीमा-सेचन-शान्तम् ।
वंशधराजल-पुष्पिततेलगुधाम नु गायति गीतम् ।। ३।।

पेरुक-पिप्पल-निम्ब-रसाल-कदम्ब-सुगन्धि-सुवातम् ।
मुनिमनसामपि विस्मयकारक-कानन-कुञ्ज-निवासम् ।। ४।।

कृष्णहरिणकुल-चित्रल-चित्रक-कासर-कानन-घोरम् ।
व्याघ्रशशोद्र-वराह-विदारुण-वारित-मनुजविहारम् ।। ५।।

काक-कलिङ्ग-कपोतक-वर्तक-शुक-पिक-वक-कुल-रावम् ।
सारस-हंसक-हरितकपोतक-पेचक-विचरित-दावम् ।। ६।।

सेवत्यादारिकुसुम-वञ्जुल-मल्लि-महोत्पल-हासम् ।
नागककेसर-देवककांचन-पुष्पकदम्बक-वासम् ।। ७।।

अद्भुतभास्कर-शिल्पकला-श्रुतकुचिपुडि-मोहन-तानम् ।
वैदिक-सौगत-विविधग-दर्शन-मुखरित-गौरवगानम् ।। ८।।

षोडशः सर्गः
त्रिपुराधामगानम्

सर्वेषां नो श्रीत्रिपुरा–श्रुतपावनधाम–सुशोभम् ।
तज्जय जय चिरमीप्सितधाम तु भारतभावनिधानम् ।।ध्रुवम् ।। १ ।।

देवमुरार्थर–वोरमुरादिग–शैलगणनिहितवासम् ।
लङ्गतराइ–शखनगिरि–सेवित–मन्दमरुत–सृतहासम् ।। २ ।।

गोमति फेनि धलाइ तितसनदि भवदुद–विहित–विकासम् ।
लोङ्गाइ मुसलि खोवाइ मधुर–जलभ़र–कलित–विलासम् ।। ३ ।।

गम्भारी–शुभसालहरितवन–सेवन–चञ्चल–वातम् ।
छननक–शाक–सुकेन्दुक–गर्जन–काम्बोजिहित–निकेतम् ।। ४ ।।

अभ्रितचित्रक–कासर–गिब्बन–वानर–धावन–घोरम् ।
व्याघ्रविशङ्कित–भषनकुरङ्गम–सम्बर–हस्ति–विहारम् ।। ५ ।।

श्येन–कलिङ्ग–शतच्छद–वर्तक–हरितकपोतग–भानम् ।
कङ्क–करण्डव–सारस–कोकिल–काञ्चन–गगनग–गानम् ।। ६ ।।

नागेश्वर–शुभपारिसुजातक–कैरव–पाटल–वासम् ।
हल्लक–कुवलय–रङ्गविविधसुम–कमल–सुगन्धि–निवासम् ।। ७ ।।

हस्तविनिर्मित–वंशज–तान्तव–सौचिक–शिल्पनिवेशम् ।।
विविधसुसंस्कृति–नृत्यकलोदित–सम्मतमानवभासम् ।। ८ ।।

सप्तदशः सर्गः
नागाधाम-शोभनगानम्

नागास्थानं मानव-मानित-शोभन-पावन-तीर्थम् ।
तज्जय जय चिरमुन्नतधाम तु भारतभावनिधानम् ।।ध्रुवम् ।। १।।

नागाशैलसरामति-पटकइ-मोलेन्-गिरिकुलवासम् ।
पौना-पुम् खुम्-शैलकुलागत-विस्मय-शोभन-भासम् ।। २।।

दोयं-धनशिरि-मिलक-बराक-दिखू-जलकृतफलिताभम् ।
झांजी-जुन्ग्की-तिजु-कुशियार-सुसिंचन-विहित-विकासम् ।। ३।।

प्रवदर-मेपल-सैंहल-पिप्पल-भुर्जादल-तरुपुञ्जम् ।
होलङ्गैल्डर-पाइनकानन-शाल्मल-विहित-निकुञ्जम् ।। ४।।

व्याघ्रक-जम्बुक-भल्लुक-कासर-वानर-धावन-घोरम् ।
वनगज-सम्बर-भषनकुरङ्गम-सुगवय-कलित-विहारम् ।। ५।।

ब्लाइदवीजन-कपिशकलिङ्ग-शतच्छद-कृतकलयानम् ।
श्रुतशुभचातक-तित्तिर-हरितकपोत-गगनभर-गानम् ।। ६।।

आर्कड-मल्लि-सुवंचलिकान्थ्युरियं-लिलियं-स्फुरिताभम् ।
कुरुवक-चम्पक-भण्डा-पाटल-जेरियममलिनरूपम् ।। ७।।

उत्सवमय-जन-सुन्दरजीवन-नर्तन-वादन-गानम् ।
सौचिक-तान्तव-तक्षणशिल्पकलोदित-भारतमानम् ।। ८।।

अष्टादशः सर्गः

पञ्जावधामगानम्

पञ्जावं नो शोभनमानव–पावनधाम सुतीर्थम् ।
तज्जय जय चिरमुन्नतधाम तु भारतभावनिधानम् ।।ध्रुवम् ।। १ ।।

तुङ्गशिखरकुलरञ्जितभूधर–चुम्बितगगनवितानम् ।
मन्दसमीरणशिञ्जितवनभुवि गुञ्जितमधुकरयानम् ।। २ ।।

झेलम–राव्युत्कलभरचेनाव्–संसृतजलमनुकूलम् ।
व्यासतरङ्ग–सुसङ्गत–सतलुज–वारिज–फेनिलतीरम् ।। ३ ।।

नन्दिक–निम्ब–रसाल–वट–वदर–देवकदारु–निवासम् ।
अक्षोटार्जुन–पिप्पल–कक्कर–शाक–हरितवन–वातम् ।। ४ ।।

कृष्णहरिण–शश–भषनकुरङ्गम–सम्बर–रम्यविहारम् ।
चित्रक–खिंकर–शल्लक–भल्लुक–कासर–विलसित–दावम् ।। ५ ।।

बाज–मयूर–चटक–वक–तित्तिर–कोकिल–चुंकृत–नादम् ।
हंस–कलिङ्ग–करण्डव–सारस–कांचन–विहित–विरावम् ।। ६ ।।

संयति संस्तुत–वीरसुरार्चित–गुरुकुल–मञ्जुलदानम् ।
शत्रुविमर्दन–गौरववर्धन–मानद–मानव–गानम् ।। ७ ।।

फुलकरि–कार्मिकवस्त्रकला–शुभचौकसुचित्रविधानम् ।
लोकपरायण–संस्कृति–सम्मत–भाङ्गा–नर्तन–तानम् ।। ८ ।।

ऊनविंशः सर्गः

बाङ्लाधामगानम्

वीराणां श्रुत–वङ्गभुवनमिह मानव–पावन–तीर्थम् ।
तज्जय जय भुवि वाङ्गलाधाम तु भारतभावनिधानम् ।।ध्रुवम् ।। १।।

गङ्गा–तिष्टा–मेघ्ना–पद्मा–स्वर्णरखा–परिपूतम् ।
ब्रह्मपुताञ्जन–भैरव–यामुन–दाम–पुनर्भविकाभम् ।। २।।

पञ्चेट् –सिंचुल–दार्जिल–सुसुनिय–चोलशिलोच्चय–नाभम् ।
मुकुटमणीपुर–घुंगिरि–टाइगरगिरिगणशिखर–शोभम् ।। ३।।

घन–वन–सम्बर–चित्रक–मेचक–भल्लुक–कुञ्जर–वासम् ।
व्याघ्रविराजित–सुन्दरवनभुवि लम्फन–लंघन–रासम् ।। ४।।

सारस–हंस–मराल–विशोभित–पीतलहरितकपोतम् ।
चुंकृतखंजन–मधुकरगुञ्जन–मिश्रितकोकिलरागम् ।। ५।।

पूग–रसाल–सदाफल–निम्ब–पनसतरु–वास–विकासम् ।
पिप्पल–शारद–लाङ्गलि–संगत–केसर–ताल–सुवेशम् ।। ६।।

ऊर्मिकुलाकुल–गर्जितजलनिधि–सिंचन–समुदित–तीरम् ।
श्यामल–शाद्वल–सालवनावलि–साधित–रम्य–विसारम् ।। ७।।

वन्दित–गुरुकुल–शास्त्र–समर्पित–कविकुल–मञ्जुलगानम् ।
स्थपतिकलाकृति–संस्तुतसंस्कृति–गुम्फित–नव–भवतानम् ।। ८।।

विंशः सर्गः
बिहारधाम-गानम्

सर्वेषां नो देवभुवनमिव शोभन-पावन-तीर्थम् ।
जय जय जय भुवि धाम बिहारं भारतभावनिधानम् ।।ध्रुवम् ।। १।।

पारसनाथक-कैमुर-वर्वर-मन्दर-राज्गिरि-नाभम् ।
नानक-लक्ष्मणकुण्डनिपातित-सृतजलममलिनरूपम् ।। २।।

गङ्गे कोशे वाग्मति फल्गुशुभे भवदुदपरिपूतम् ।
घाघ्रा-करमनसा-कमलाजय-धधर-पयोभरशान्तम् ।। ३।।

व्याघ्रक-चित्रक-चित्रल-भल्लुक-कासर-वृक-वन-घोरम् ।
कांचन-सारस-चटक-करण्डव-काकलि-कलित-विहारम् ।। ४।।

आम्र-विभीतक-पिप्पल-खर्जुर-ताल-लिचेय-निवासम् ।
लाङ्गलिकार्जुन-केन्दु-वटाश्रित-विरचित-विविध-विभासम् ।। ५।।

मल्लि-सुवंचलिकासुम-कैरव-पाटल-सौरभ-लाभम् ।
काचनर-किंशुक-फुल्लमहोत्पल-काञ्चन-हरित-परागम् ।। ६।।

भोजपुराङ्ग-मगध-मिथिलादिग-लिच्छवि-संस्कृतिसारम् ।
मौर्यज-गुप्तज-शासनसौरभ-विकसित-धाम विहारम् ।। ७।।

वैदिक-जैन-सुसौगत-दर्शन-पुष्पितमनुजविधानम् ।
विश्वविदितगुरु-सृष्टकलादिभिरुद्गत-गौरव-गानम् ।। ८।।

एकविंशः सर्गः
मणिपुरधामगानम्

देवानां भूभारतमुपगतमिह शुभमणिपुरतीर्थम् ।
तज्जय जय भुवि मणिपुरधाम तु भारत-भाव-निधानम् ।।ध्रुवम् ।। १।।

तेन्पू-ताम्पव-कौबरकादिग-शैलज-दुर्ग-विशालम् ।
निर्मल-सुन्दर-नीलगगनतल-मन्दमरुतकृतरागम् ।। २।।

इम्फाल-मणिपुरेरिल-नम्बुल-जीरि-बराक-सुपूतम् ।
खूगा-थौबल-तुइथ-सलिलकृत-मन्दमधुरकलहासम् ।। ३।।

बोन्सम्-मुन्-वंशाम्बुज-बर्बुर-शाकतरु-हित-निधानम् ।
श्यामलशाद्वल-ल्युजनपाइन-कानन-कलित-विधानम् ।। ४।।

भ्रूशृङ्गिहरिण-गण्ड-गवय-वनकासर-हस्ति-विहारम् ।
शार्दूलाश्रितचित्रक-मेचकभल्लुक-विचरण-घोरम् ।। ५।।

नंगियतित्तिर-श्येन-तनुकशुक-वर्तक-हरितकपोतम् ।
हंस-कलिङ्ग-करण्डव-चटक-शतच्छद-विहित-विरावम् ।। ६।।

कुवलय-कैरव-पाटल-मणिपुरचम्पक-सौरभ-वासम् ।
मल्लिकया स्मितसन्धिजया सृतमविहत-चारुविभासम् ।। ७।।

नृत्यकला-शुभचारुकलोदितभारतमणिनिभदीप्तम् ।
प्लुतवनराजि-विराजित-लोक्तकह्रद-शुभगोपनरत्नम् ।। ८।।

द्वाविंशः सर्गः

मध्यप्रदेशगानम् अथवा मध्यभुवनगानम्

सर्वेषां नो स्वर्निभभारतमध्यभुवनमतिशोभम् ।
तज्जय जय भुवि पावनधाम तु भारतभावनिधानम् ।।ध्रुवम् ।। १ ।।

विन्ध्यगगिरिकुल-धूपगडादिशिखर-परिरम्भित-वेशम् ।
दोलितमेघ-विचुम्बित-पुलकित-फलभर-पर्वतदेशम् ।। २ ।।

छम्बल-ताप्ति-धशन-महि-सोन-महानद-वारिजलाभम् ।
नर्मदया शुभवेत्रवतीपयसा भर-तटममिताभम् ।। ३ ।।

आम्र-विभीतक-पिप्पल-शाल्मल-वटतरु-चन्दन-वातम् ।
नीडग-खगशिशु-कलनदकाननमाश्रितमिव निजगीतम् ।। ४ ।।

वारहशृङ्गक-कासर-चित्रल-नीलगवयक-विहारम् ।
व्याघ्र-वृकाकुल-शल्यक-चित्रक-खिंकर-वनमतिघोरम् ।। ५ ।।

कौञ्च-मयूर-कलिङ्ग-कपोतक-तित्तिर-मुखरित-दावम् ।
गृध्र-लटूषक-चातक-कोकिल-चटक-वि-वैभव-लाभम् ।। ६ ।।

प्रस्फुट-किंशुक-पद्म-सुपाटल-जाम्भज-मातुल-जातम् ।
मल्लि-कुटजसुम-पारिसुजातक-गुञ्जित-मधुप-विभातम् ।। ७ ।।

वैदिक-सौगत-जैन-निदर्शन-कारुकलाङ्कितरूपम् ।
शास्त्रगगान-विनोदन-धाम तु भारतहृदयनिदेशम् ।। ८ ।।

त्रयोविंशः सर्गः

महाराष्ट्र-गानम्

सर्वेषां नो दिव्यभुवनमिव पावनशोभनतीर्थम् ।
जय जय धाम महाराष्ट्रं भुवि भारतभावनिधानम् ।।ध्रुवम् ।। १ ।।

तुङ्गशिखरिकुल-सह्यक-शोभन कोङ्कणगतमधुराभम् ।
आरव-सागर-दीर्घतटाश्रित-सुनिविड-वन-निकुरम्बम् ।। २ ।।

तोर्ण-पुरन्दर-सलहेर्-धोदप-राइ-रतनगड-भानम् ।
ब्रह्मशिलोच्चय-घञ्चुकराञ्जनगिरि-सृत-गौरवगानम् ।। ३ ।।

तापे रेवे भवदनुमतमिह सिंचितमुपगत-कुञ्जम् ।
कृष्णे गोदे कुण्डलिके जलसंभृतमुपवन-पुञ्जम् ।। ४ ।।

हरितकपोत-मयूर-चकोरक-चातक-कोकिल-सङ्गम् ।
सारस-हंस-मराल-रवाकुल-नद-जल-नीलतरङ्गम् ।। ५ ।।

चम्पक-पाटल-कुन्द-कमल-नवमल्लिद-सौरभलाभम् ।
हल्लक-कैरव-रजनि-सुवासक-पुष्पद-नव-नव-भावम् ।। ६ ।।

कन्दरशोभित-शिल्पकलाकृति-चित्रकलाकृतभासम् ।
ऋषिमुनि-सौगत-जैनग-दर्शन-पोषित-सत्यनिवासम् ।। ७ ।।

वन्दितकविकुल-पूजितगुरुकुल-कीर्तिविवर्धित-मानम् ।
शोभनजीवनकृत इह कारित-मानव-गौरव-गानम् ।। ८ ।।

चतुर्विंशः सर्गः
मिजोराम्धामगानम्

मीजोराम् शुभ-सुन्दर-पावन-मानव-मानित-तीर्थम् ।
तज्जय जय चिरमुन्नतधाम तु भारतभावनिधानम् ।। ध्रुवम् ।। १ ।।

फंपुयि-लेंतेङ्-सुर्त्लां -पर्वतराजिज-विस्मयभावम् ।
त्वाम्-तियु-चिंतुयिपुयि-तुयिचां-तटिनीजल-कृतफलिताभम् ।। २ ।।

केसर-होलक-खैरक-घर्षक-होलं-शाल्मलि-वासम् ।
गम्भारी-शुभसाल-कदम्ब-कदम्बक-वातविलासम् ।। ३ ।।

श्यामल-शीतल-मञ्जुल-कानन-वर्धितवृक्षविशालम् ।
कुड्मल-पल्लव-राग-समाहित-रम्यनिकुञ्ज-वितानम् ।। ४ ।।

द्विरद-कासर-भषनकुरङ्गम-सीरोशुभमृग-वासम् ।
व्याघ्रक-मेचकचित्रक-भल्लुक-गिब्बन-वानर-रासम् ।। ५ ।।

वावूतित्तिर-कांचन-पिक-बक-हरितकपोतग-रागम् ।
श्येन-करण्डव-कङ्क-तनुकशुक-चटक-विहार-विरावम् ।। ६ ।।

सेन्हरि-विविधजपार्किडपुष्प-विभूषित-सुन्दर-रूपम् ।
सन्धिजिकाकुसुमान्थ्युरियं-सुम-कलित-सुललित-विभासम् ।। ७ ।।

संघनिवेशन-परशुभचिन्तन-मानव-शान्तनिकेतम् ।
तान्तव-सौचिक-शिल्पकला-शुभनृत्यकलोदितगीतम् ।। ८ ।।

पञ्चविंशः सर्गः

मेघालयधामगानम्

मेघानां भूधरगतमेदुर-कान्तिसमूह-सुशोभम् ।
जय जय जय मेघालयधाम तु भारतभावनिधानम् ।।ध्रुवम् ।। १ ।।

दारो-खासि-शिलोच्चय-सम्मत-शृङ्गशिलङ्गमिताभम् ।
नीलगगनतल-शीतलकानन-वात-विनोदन-लाभम् ।। २ ।।

मीन्तू-सिंसम्-जादुइ-कृष्णइ-दुध्नइ-पावन-तीर्थम् ।
औमखरगजल-वोगइ-वारि-विधौत-सुशोभन-शान्तम् ।। ३ ।।

गम्भारी-वट-कान्तल-होलक-शाकतरु-विहित-वासम् ।
प्रवदर-खर्जुर-सोफि-लिचेय-पनसभर-कानन-भासम् ।। ४ ।।

अभ्रितचित्रक-वृक-गज-भल्लुक-कासर-गर्जन-घोरम् ।
भषनकुरङ्गम-शुभमृग-सम्बर-वानर-विहित-विहारम् ।। ५ ।।

धूम्रमयूरकतित्तिर-बहुतरचातक-हरितकपोतम् ।
श्येनकपिलमुख-हंस-तनुकशुक-वक-सरिकादिग-रागम् ।। ६ ।।

आर्कडपुष्प-जपासुम-लोहितकुवलय-सौरभ-वातम् ।
पाटलपङ्कज-हेमपरागरजोरुण-राग-विभातम् ।। ७ ।।

कारुज-सौचिक-चारुकला-बहुसंगतनृत्यग-तानम् ।
मधुर-विशालहृदय-परिशीलन-वर्धित-भारतमानम् ।। ८ ।।

षड्विंशः सर्गः

राजस्थानगानम्

राजस्थानं भारतशोभितमुत्तरपश्चिमतीर्थम् ।
तज्जय जय चिरमार्चिकधाम तु भारतभावनिधानम् ।।ध्रुवम् ।। १ ।।

आरावलिगिरिराजिविराजित–धोसि–गुरुशिखर–शृङ्गम् ।
कानक–सुन्दक–मन्दोरि–गिरिभिरङ्कित–रम्यविभङ्गम् ।। २ ।।

चम्बल–माहि–बनास–लुनीनद–घग्घर–कलकल–तानम् ।
कोठार्यावरि–गोमति–साहिबि–सावरमतिकृतगानम् ।। ३ ।।

निम्ब–शिरीष–कदम्ब–करञ्ज–बबूल–सुवकुल–निवासम् ।
अर्जुन–खर्जुर–खेजड–पिप्पलचलदल–मरुतविलासम् ।। ४ ।।

व्याघ्रक–चित्रक–खिंकर–जम्बुक–वृक–कृतकानन–घोरम् ।
कृष्णकुरङ्गम–मय–तनुकहरिण–सम्बर–विहित–विहारम् ।। ५ ।।

सचटक–निनटिक–कह्व–कलिङ्ग–शतच्छद–डयन–निनादम् ।
श्येन–मयूर–करण्डव–कोकिल–तित्तिरि–विहित–वितानम् ।। ६ ।।

सैन्धव–वैदिक–जैनग–शिल्पज–मारुसुगुर्जर–दानम् ।
ताान्तव–सौचिक–मार्तिक–शोभनरत्नविभूषण–भानम् ।। ७ ।।

प्रस्फुटरोहिड–विविधकुसुमभर–सुरभिसमीरण–यानम् ।
नृत्यकला–नवचित्रकलाङ्कित–बहुविधसंस्कृति–गानम् ।। ८ ।।

सप्तविंशः सर्गः
लक्षद्वीप-शोभनगानम्

लक्षद्वीपकदम्बकमिह भुवि मानव-पावन-तीर्थम् ।
तज्जय जय चिरमुन्नतधाम तु भारतभावनिधानम् ।।ध्रुवम् ।। १ ।।

द्वीपकुलामिनिडिभि-मिनिकयि-लाकाडिभि-विद्रुमभासम् ।
आरवसागर-फेनिलनीलतरङ्ग-विभूषित-रूपम् ।। २ ।।

पित्तिद्वीपं शोभनखगकुल-शरणनिलयमतिशोभम् ।
जलधिविवर्धित-कपिशनुकीलादिविहग-कलभर-नादम् ।। ३ ।।

निर्मल-सुधवल-चिक्कण-सैकत-वेष्टित-सागरतीरम् ।
वारिनिमज्जनयन्त्र-समाश्रित-पर्यटकाब्धि-विहारम् ।। ४ ।।

वातामफल-शिरःफल-बहुमधुकर्कटिकाजित-वासम् ।
पनसफल-कदलिका-घनपल्लव-संभृत-हरितविभासम् ।। ५ ।।

कौशिकफलगत-तन्तुचयजनित-हितकरशिल्पमनल्पम् ।
सागरसंभवमुन्नतजीवनमुपगतशुभमविकल्पम् ।। ६ ।।

वारिधि-तटजलयुतह्रदराजिषु चञ्चल-कलद-तरङ्गम् ।
प्रस्फुट-बहुलकुसुमनिभ-राजित-विविधसुसंस्कृति-रङ्गम् ।। ७ ।।

अत्तमुलक्कमुटु-फुलि-परिछकलि-कोल्कलि-लावा-तानम् ।
उत्सवमयजनजीवन-शोभननृत्य-विनोदन-गानम् ।। ८ ।।

अष्टाविंशः सर्गः

लद्दाखधाम-गानम्

लद्दाखं शुभधाम सुशोभन-भारत-मानव-तीर्थम् ।
तज्जय जय चिरमुन्नतधाम तु भारतभावनिधानम् ।।ध्रुवम् ।। १ ।।

काराकोरम-हिमगिरि-जांस्कर-पर्वतराजि-सुरम्यम् ।
लद्दाख-कुलशिलोच्चयसम्मत-गडविनमुन्नतशृङ्गम् ।। २ ।।

सैन्धवतीरगभूमिषु कल्पित-शोभन-नगर-निवासम् ।
पर्वत-कानन-जनपद-संस्तुत-शीयक-सिन्धुजतीर्थम् ।। ३ ।।

डोडा-जांस्कर-सुरु-गलवान-नदीजल-कलभरतानम् ।
पांगंह्रदजल-रंजित-भूतलमुपगत-तटममिताभम् ।। ४ ।।

उरुमन-पिप्पल-सेवाक्षोटक-कानन वात-विशुद्धम् ।
इक्षुर-मिरमति-सोलो-गुल्मक-भैषजमध्विति सिद्धम् ।। ५ ।।

तुहिनकचित्रक-लोहितखिंकर-भालुक-वृककुल-रासम् ।
युरियल-भहलर-साकिन-तिब्वतिहरिणक-चमर-निवासम् ।। ६ ।।

न्यङ्गर-तुहिनकतित्तिर-थाङ्कर-कंगो-कलितवितानम् ।
श्येन-करंडव-पेचक-मेचकगलवक-कृतकलगानम् ।। ७ ।।

पुष्पितभूतल-निर्मलपुष्कर-तुङ्गगिरिपथ-सुरम्यम् ।
बौद्धविहार-सुनृत्य-महोत्सव-निरलस-जीवन-धन्यम् ।।८

ऊनत्रिंशः सर्गः
सिक्किमधाम-गानम्

देवानां भूभारत-शोभन-सिक्किमधाम-सुतीर्थम् ।
तज्जय जय चिरमुन्नतधाम तु भारतभावनिधानम् ।।ध्रुवम् ।। १ ।।

शुभ्रहिमालय-गिरिकुल-मध्यग-पुण्यनिवास-सुरम्यम् ।
उन्नतपर्वत-कांचनजंघा-सम्भव-विश्रुत-शृङ्गम् ।। २ ।।

रङ्गित-रोरुचु-रङ्गपु-संगत-तीस्ताजलज-विभासम् ।
राटे-ल्होनक-लाचुङ्ग-जलधक-सिञ्चनफलममिताभम् ।। ३ ।।

ह्रदगण-तुहिनसुसंहतिभूषित-रम्यकरूप-विशेषम् ।
औषधगुणभर-तप्तोत्कलजल-निर्झर-मञ्जुल-वेशम् ।। ४ ।।

अन्धतमसभर-घोरवनावलि-वल्लरि-वलयित-कुञ्जम् ।
काकलिकम्पित-मधुकरगुञ्जित-पुष्पिततरुवर-पुञ्जम् ।। ५ ।।

चित्रक-भल्लुक-वृककुल-पाण्डा-वानर-धावनघोरम् ।
कृष्णमृग-चमर-भषनकुरङ्गम-नकुल-वनौतु-विहारम् ।। ६ ।।

वस्त्रकला-नवचित्रकला-शुभशिल्पकलोदित-भानम् ।
नृत्योत्सवमय-वैदिक-सौगत-विविधसुसंस्कृति-गानम् ।। ७ ।।

बहुविधपुष्प-बुरांश-कुसुमभर-कानन-सौरभ-वातम् ।
इन्द्रभुवनमथ नन्दनवनमिति विजनित-बहुप्रतिकाशम् ।। ८ ।।

त्रिंशः सर्गः
हरियानाधाम-गानम्

सर्वेषां नो शोभनभारत-मानव-पावनतीर्थम् ।
तज्जय जय हरियानाधाम तु भारतभावनिधानम् ।। ध्रुवम् ।। १ ।।

हैमशिलोच्चयपादजमार्चिक-संस्कृतिपरमुपगङ्गम् ।
व्यासविभासित-मुनिजननन्दित-कविकुलमञ्जुलगानम् ।। २ ।।

शिवलिकगिरिकुल-संसृतनदजल-सेवित-घग्घरवासम् ।
साहिबि-सेवया थापनया सह यामुनवारिजभासम् ।। ३ ।।

चन्दन-शाक-मधूक-सुशाल्मलि- शिंशपिका-सुनिवासम् ।
नारंगाग्रल-तूत-रसाल-पचेलिम-फलज-सुवासम् ।। ४ ।।

कृष्णमृग-गवय-चित्रल-सम्बर-वनगज-विहित-विहारम् ।
चित्रक-जम्बुक-खिंकर-वृककुल-वानर-संकुल-घोरम् ।। ५ ।।

मेचकतित्तिर-चटक-कपोत-कलिङ्ग-मयूर-वि-रावम् ।
सारस-हंस-करंडव-कोकिल-वर्तक-कृतकलरागम् ।। ६ ।।

शीशा-फुलकरि-वस्त्रकला-शुभसांग-घुमर-युतगानम् ।
भित्ति-सुचित्रकलाङ्कन-मार्तिक-शिल्पकलोदितभानम् ।। ७ ।।

पूजितगुरुकुल-शास्त्रसमर्थित-मानवजीवनपूर्णम् ।
पुष्पसुरभिभर-हरितभुवन-जनमोहन-संस्कृति-धन्यम् ।। ८ ।।

एकत्रिंशः सर्गः

हिमाचलधाम-गानम्

देवानां भूभारत-रम्यहिमाचलधाम-सुतीर्थम् ।
जय जय जय चिरमुन्नतधाम तु भारतभावनिधानम् ।।ध्रुवम् ।। १ ।।

हिमगिरि-धौरधर-सुपिरपिञ्जल-गिरिकुलमञ्जुल-हारम् ।
शुभ्रगगनतल-निर्मलभूतल-शीतलमरुत-विहारम् ।। २ ।।

चेनाव्-सतलुज-शुभयमुनासृतवारिजफलमनुकूलम् ।
व्याससरिन्निभ राव्यपगादिषु फेनधवलहसिताभम् ।। ३ ।।

पिप्पल-रोविनिया-जलवेतस-देवकदारु-निवासम् ।
अम्बुज-सेव-रसालक-पाइन-हरितयवसज-विलासम् ।। ४ ।।

तुहिनकचित्रक-पिङ्गलभल्लुक-वानर-चञ्चल-दावम् ।
वनचमर-तहर-घोरलहरिणक-मृगमदसौरभ-लाभम् ।। ५ ।।

चटक-मयूर-कपोत-तनुकशुक-कोकिल-गगनग-गानम् ।
हैमसुतित्तिर-कुक्कुट-वीजन-जुजुरन-डयन-निनादम् ।। ६ ।।

भारतशोभनफलभरधाम नु पुष्पविभूषित-भासम् ।
शिग्रितुषार-सुसंहति-संचितमिव जन-धवल-सुहासम् ।। ७ ।।

सौचिक-कौशिक-हस्तकला-शुभकारुज-तक्षण-भानम् ।
चित्रकलासु विराजितसंस्कृति-नाटी-शोभनगानम् ।। ८ ।।

द्वात्रिंशस्सर्गः

विश्वगानम्

सर्वेषां नो भुवनमिदं जनजीवन-शोभन-तीर्थम् ।
जय जय जय चिरमुन्नतधाम तु मानवभावनिधानम् ।। १ ।। ध्रुवम् ।।

ह्रद-नद-पर्वत-सागर-चुम्बित-सर्वग-मधु-मधुवातम् ।
शशि-रवि-कर-परिपुष्पित-वनभुवि सुन्दर-सुरभि-विभातम् ।। २ ।।

संगत-खगकुल-कलरव-कम्पित-नीलगगनममिताभम् ।
समुदितमानव- निवसितभूतलमधिगतफलमपि काम्यम् ।। ३ ।।

उत्सवमय-जनजीवन-संगत-नर्तन-वादन-गानम् ।
सौचिक-तान्तव-मार्तिक-तक्षण-वास्तुकलोदित-भानम् ।। ४ ।।

बहुविध-सङ्गर-शङ्कितमानव-कल्पित-शान्तनिवेशम् ।
भ्रातृसमादरभावभरितहृदि सञ्चितरागविशेषम् ।। ५ ।।

सर्वशुभङ्कर-सर्वग-सुन्दर-कल्पितमुनिजनशास्त्रम् ।
सत्यसमर्पितकर्मसु झंकृत- हिंसनरहितशुभास्त्रम् ।। ६ ।।

वाञ्छित-सर्वसुखोदय-सर्वनिरामय-जीवनपुण्यम् ।
विश्वकुटुम्बजसंस्कृति-संस्तुत-मानवजीवन-धन्यम् ।। ७ ।।

शोभननेतृनिवह-धृतसम्मतिरवतु भुवनमिह नित्यम् ।
जीवन-सेवन-चिन्तन-भूमिषु विलसतु शुभमविकल्पम् ।। ८ ।।

उपसंहारः

शान्तिप्रदं भुवनमोहनकारितीर्थं
देवालयं शुभमिदं भुवि भारतं स्यात् ।
अत्रोदितं सकलमङ्गलकारिशास्त्रं
सर्वोदयेन तु जनानखिलान् पुनातु ।। १ ।।

वाग्देवी–प्रेरितं गानं प्रबोधामोददायकम् ।
जनानुरागलाभाय शोभमानं प्रवर्धताम् ।। २ ।।

इति जनानां गानानुरागाय कल्पितं गीतभारतं समाप्तम् ।

GĪTABHĀRATAM: ENGLISH TRANSLATION

GĪTABHĀRATAM

UPANYĀSA: INTRODUCTION

The Divine Speech

No.1- Let the Divine Goddess of speech who resides in the genius of Kalidasa and who is respectfully worshipped by Jayadeva through his protracted musical notes, spread prosperity for ever with ceaseless nurturing of the Indian excellence that promotes refinement.

No.2- The speech when put to lyre (the strings of the lyre) emanates enchanting music; a book with established conclusive evidence looks independent; she, the pure white Goddess herself supporting both of them looks unique (not different from those two); therefore the Goddess is said to be very charming with books, music and melody.

No.3- The Goddess of speech powerfully rules over three domains (Land, Air, Water / Netherland, Earth, Heaven / Bhūḥ, Bhuvaḥ, Svaḥ) and her influence is finally proved to be accepted even in three divisions of time (Past, Present, Future). Enriching the depth of wisdom of the learned and the strength of the ruler, she herself is the gatherer and giver of wealth.

No.4- The language of the beautiful lady of poetry, free from blemishes, famous with the abundance of decorative letters (abundance of golden flowers), decked with the beauty of the divine sense and purified there by, shines forth in the groves of the poets (poetry).

No.5- The poetic speech slightly drooped with the graceful beauty of novel words, shines forth like a lovely creeper (with fresh twigs) during spring. Again blossomed with the free rush of feelings (senses) she begets ever new experiences times and again.

No.6- The beauty of the poetic speech clusters all over her body with past experiences. Presently, being wise and artful with ever new senses, she destroys ignorance (darkness) at her fore-front with the hidden new darts (of wisdom) and shines forth.

No.7- The charming central part of the poetic speech gets auspicious marks of shade and light (where meaning is neither hidden nor exposed). Always she (the meaning of poetic speech) remains immersed in between truth and false hood. Like a child-bearing young woman does she manifest herself with poetry inside?

No.8- If you want to have your sportive play in imaginations, if you want to meet the rain-bow of your lustrous self, or if you wish for the vivid knowledge of your place of birth (the source of your life and feelings i.e. Motherland), then, o friend! resort to the Goddess of speech (as noted in the stanzas to follow).

THE FIRST PART
THE SONG OF INDIA

No-1

India, the heavenly and the hallowed dwelling place for us all, is enriched with elegance. Let this Vedic India, the treasure trove of all the noble thoughts of simplicity enjoy victory for ever.

No-2

Beginning from the ocean (in the south) it is a far extended distinguished country towards the north up to the Himalayan mountain ranges (peaks). Here one may come across the Vindhya, Mahendra, Malaya, Sahyaka, Sauktika and Pariyatra mountain-ranges on its surface. India, the heavenly...

No-3

Oh Sindhu! Sarasvati! Yamuna! Ganga! Reba (Narmada)! Indian landscape is made prosperous with your holy water flows (sprays). Oh Godabari! Kaveri! the dense forests and bowers are reached (enriched) by both of you. India, the heavenly...

No-4

It is an esteemed human nest (abode), which is honored as heaven and at the same time considered the surface of earth. Here like the ear-regaling twittering notes of the birds the ever new melodious tone of people's togetherness is enjoyable. India, the heavenly...

No-5

Here in this land of the heroes, honour is extended to the Indian (national) flag forever. Here the people, desirous of getting heaven continue to give charity during the practice of their righteous deeds. India,the heavenly...

No- 6

This Indian abode is hallowed all over by Taksashila (University) a beautiful plethora of learning that enhanced human wisdom. Here also people are praised for their constant study that comes out of the famous wisdom offered by Nalanda (University) in the hoary past. India, the heavenly...

No-7

Here the philosophical speculations enhanced by the ideology of Indus valley (civilization), Vedic, Jain and Buddhist thoughts have been finally experienced as adorable. This is further hallowed by the lakes of scriptures that are beautified by the (swimming) swans of (Pure White) wisdom of the seers and sages. India, the heavenly...

No-8

This abode is well decorated with the blooms of Lodhra, Kesara, Kunda, Kamala (lotus), and fresh Nipa groves, Besides, shining with the splendor of Kuruvaka and Champaka it is horripilated and made fragrant all over (in all the seasons). India, the heavenly...

Note: Sirisa, Nipa, Kamala, Kunda, lodhra and Kuruvaka blooms decorate summer, rainy, autumn, pre-winter (Cool), winter (Cold) and spring season respectively. Kesera flower brings extenson to the beauty of Kashmir (vallies) with the advent of winter. Various types of champaka flowers decorate the entire Indian landscape at different place in different ways. Thus the poet suggests that six seasons are intimately experienced in this great Indian landscape...

THE SECOND PART
THE SONG OF ARUNACHAL PRADESH

No-1

The excellent abode of the sun god has reached closer to the heart of India, the land of divinity. Let that abode titled Arunachala, the treasure-trove of all the noble thoughts of India, enjoy victory for ever.

No-2

This abode is made bright with the presence of the mountains like Kangto, Nyegi Kansang, Takpashirigiri and beautiful Gorichen mountain-ranges. Here with the peaks like Namchamdin and others look as if the heightened and prolonged boundary walls are created. The excellent abode...

No-3

Here the landmasses encircling the banks of the rivers like Siang (Brahmaputra), Kameng, Lohit, Subanashiri are (naturally) made fertile and developed. Besides, the strength of the land is raised by irrigation of the water that flows from the rivers like Noa Dihing and very beautiful Dibang simultaneously. The excellent abode...

No-4

Here at the early dawn the tweets of sky-soaring birds are heard at the top of the rising mountains, sprayed with golden rays (of the rising sun). The sounds of the gibbon-pairs, woven together during their acrobatic movements on the trees, are heard. The excellent abode...

No-5

In this land like the carpet of grass-green surface under the blue sky, the darknesses of the dense forests are dreadful. On the surface of the gradually descended slopes of the mountains the inhabited ferocious animals continue to wander sportively. The excellent abode...

No-6

Here the birds like emerald doves, peacocks, wood-peckers, owls, and parakreets have their sway. Also the birds like cranes, golden orioles, hornbills, bulbuls and cuckoos get into their musical notes. The excellent abode...

No-7

This great region, glamorous with various types of orchids, is made a living habitat of the flowers. Here the genteel breeze comes after shaking the trees like Holong, Apricot, and Oriental cedars in multitudes. The excellent abode...

No-8

In this land the musical notes are the inflows of the essence of very many admirable cultural elements that spring from the Saibite and the Bhuddhist ways of life. The honour of India is here enhanced by various (folk) dances and famous (engraved and painted) products of the artisans. The excellent abode...

THE THIRD PART
THE SONG OF ANDAMAN AND NICOBAR ISLANDS

No-1

The abodes of Andaman and Nicobar islands are very beautiful and holy meeting places of humanity. Let those prosperous abodes, which are for sure, the repository of all the noble thoughts of India, enjoy victory for ever.

No-2

These abodes are decorated with the peaks of Saddle, Thullier, Deoban, Cholunga and Narcodam (island) mountains. Here Diavolo, Barren (island), Oldham, Harrietmountains create a very strong central point. The abodes of...

No-3

The beautiful green vegetation is developed at the bank areas of Kalponga river flowing with murmuring sweet notes. The rivers like Mitakari, Korang, Rangat, Pema Nala have created incessant sportive beauty of joy for ever. The abodes of...

No-4

In addition to the covered woody creepers of the trees and forests new varieties of ferns have their expansions. Besides, the deciduous forests under the blue sky along with evergreen woods have their glamorous look. The abodes of...

No-5

The (Asian) elephants, Hingool (Barasingha deer), spotted deer, Samber, and (wild) bisons do wander in the forest lands which are dreadful with the sway of leopards, (Sloth-) bears, wild pigs, wild dogs (Dhole) and Rhesu Macques (monkeys). The abodes of...

No-6

Here sweet musical notes are created by the birds like emerald doves, peafowls and Nicobar pigeons. At the same time (white bellied) sea-eagles, parakreets, Andaman teals (kadamba/ ceti paksi), house sparrows, megapode birds (Nicobar megapode- birds/ Nicobar scrub fowls) soar swiftly. The abodes of...

No-7

The houses look beautiful after being decorated with various Crape Myrtle and Orchid flowers and here the early dawn comes filled up with the fragrance of Noni-fruits, ripening Ramaphalas (fruits), and bananas. The abodes of...

No-8

Here the paring excellence raised by the venture of the artisans on the conch and oyster shells are seen. The life of the people, full of festivals, are seen enjoyed with songs that encompass beautiful Nicobari - dances. The abodes of...

THE FOURTH PART
THE SONG OF ASSAM

No-1

Illuminated by the splendor of Assam State, India attains divine beauty. Let that prosperous State, for sure the repository of all the noble thoughts of India, enjoy victory forever.

No-2

Here covetousness is obtained from the beautiful forest lands embraced all over by the lofty mountains. The entire lush green auspicious parts of this land have come in contact with the water (sprays) of Brahmaputra, Subanasiri and Dhansiri rivers. Illuminated by...

No-3

This place is the natural habitat to the trees like Holong, Gurjan, Peepal, Neem, Rasala (Mango) and Khair. Here charming smiling stance get generated by abundance of fruits and nuts that come out of Prabadra (Cherry), Tala (Palm), Panasa (Jack fruit), Bata (banyan), and Khajura (date -plam) trees. Illuminated by...

No-4

Incessantly engaged in sportive play here gibbons, rhinoceros, (wild water-), buffalos and leopards continue to roar. The wild animals like elephants, deer, pigmy hogs, frightened by the roars of tigers (at times) leave their food and move. Illuminated by...

No-5

The Sarasa birds, swans, ducks, patridges, and cuckoos have their melodious sportive play and hundreds of birds like Chimchuki (parrot bills) Vartaka (Quails), and Kaka (crows) expose their unusual colour- excellence. Illuminated by...

No-6

This is the (loving) habitat for the flowers like white - lilies, roses, red hibiscus, Kapuphul, and red lilies, Here also Parijata, Mahotpala (lotus) Malati, and Matula (Datura siramonium) flowers present a smiling look with fragrance. Illuminated by...

No-7

In addition to weaving skills for delicate silk-wears, the sportive excellence of the needle work of art in seen. Besides, the lustrous self of India is shown in the surprising terracotta- art and other works of the artisans. Illuminated by...

No-8

This Assam state is the gate-way to Bihu-dance-art and the folk-arts that decorate the festivities of life. With the admiration of various sections of people this land transmits the essence of a great (elevated) cultural heritage. Illuminated by...

THE FIFTH PART
THE SONG OF UTKAL

No-1

Endowed with the beauty of a pleasure garden Utkal has reached closer to the heart of India, the land of divinity. Let this holy land Utkal, for sure, the treasure trove of all the noble thoughts of India enjoy victory for ever.

No-2

Close to the Ganges this holy land is effulgent with the cultural inheritance that came from the human civilizations that developed at the Himalayan foothills. Inspired by the great sage Vyasadeva (author of the Mahabharata), and imagined by the class of great poets this holy land is the gift of great sages to India/ humanity. Endowed with...

No-3

Along with the murmuring note of the springs and the humming sound of the bees, the sweet melodious cooing note of the cuckoos are constantly heard. Here the forest parks are horripilated by the swinging sound of the well grown trees which usually receive the sprays of fresh (rain) water. Endowed with...

No-4

Here calm and enchanting decorations (living abodes) of the bowers of trees with forests are seen, which are usually coveted by the (great) sages. The trumpets and roars here respectively of the elephants and lions are heard that permeates the forest place along with the intoxicated notes of the birds and other murmuring sounds. Endowed with...

No-5

At the early dawn the shining rays of the sun when get gradually released (sprayed) come kissing the temples and houses. Also admirable to the eyes of the gods and humans, the fragrance of the unfolding (flowering buds) of Champka - flowers, which resemble the golden goblets, are seen here pervading this land. Endowed with...

No-6

Here wind comes after surpassing the shivering leaves of the trees like Tala (palm) Tamala, Panasa and others. Besides, the ocean experiences the cheers of sweet pleasant troubles that come from the spread of waves. Endowed with...

No-7

Oh, river Baitarani! Mahanadi! Sabari! Suvarnarekha! Risikulya! this land is made prosperous by you all. Oh, Bansadhara! this holy utkal state which is brought to rise by you is cheerful and horripilated at each of your banksides. Endowed with...

No-8

Here the divine scriptures decorated with commentaries are composed by a class of dedicated teachers. The visions that come from its golden heritage are marked with glorious achievements, which are brought up by the architectural and sculptural excellences. Endowed with...

THE SIXTH PART
THE SONG OF NORTH INDIA

No-1

The holy birth place of Sri Rama and Sri Krishna with heavenly glow, belonging to us all, looks exceedingly beautiful. Times and again let there be victory to that hallowed land which is the treasure-trove of all the noble thoughts of India, fostered at its northern horizons.

No-2

Nanda Devi, Kanchan Jangha, and Himalayan mountain ranges (with snow white- peaks) resemble its smilings and also the shining glory the great mountains like Amost, Panchchuli, Kamet, Kotdei and Chandrasila are observed here intimately. The holy birth place...

No-3

This land is hallowed all over by the river like Ganga, Yamuna, Tamasa, Ghagra, Gomati, and many others. (With elevated thoughts the poet notes) Oh, Gandaka river! Sarayu river! auspicious Sona-river! this land is brought to prosperity by your water - sprays. The holy birth Place...

No-4

This is the land for the abundant growth of the trees like Peepal, Bata (banyan) Girinimba (Curry-tree) Rasala (Mango - tree), Kapittha (Wood- apple tree) and lychee tree that use to emit aromas. Also this is the loving habitat to the beautiful groves of Arjuna, Neem, Guava, and Asoka trees. The holy birth Place...

No-5

The jungles are ruled over by the mighty tigers, striped hyneas, leopards and porcupines and here also one comes across the wild Barasimgha-deer, (greater one horned-) rhinoceros, and the fragrance of musk (of musk - dear). The holy birth place...

No-6

Here there is lustrous appearance of the rows of birds like cranes, swans, Himalayan quails, golden orioles and many others. By the sweet twittering notes of black-headed jay-birds, wood-peckers of various types, and the (gold bush-) robin birds the north Indian songs of victory continue to get pronounced. The holy birth place...

No-7

The Brahmakamal- flowers, fresh Kimsuka-flowers, roses, jasmines and sun flowers use to present their radiance, and here the human self becomes covetous to get the fragrance of the flowers like musk-roses, white lilies, and full blown flowers of various colours. The holy birth place...

No-8

The shining Nagara-style of architectural skill is seen beautifully embodied in the temple structures. Besides, promoted by the enchanting melody of the Hindustani-music this holy land stands friendly to various cultural excellences. The holy birth place...

THE SEVENTH PART
THE SONG OF KERALA

No-1

The holy land of Kerala, looking exceedingly beautiful like Nandan-vana (the pleasure garden of Indira, the lord of the denizens of heaven) at the prolonged shore-sites of the Arabian Ocean is for sure, the treasure-trove of all the noble thoughts of India on earth. Oh, hallowed land! let your good self enjoy victory for ever.

No-2

Here covetousness is aroused by the distinguished beauty of the Western Ghats (mountain ranges) which are elevated like the towering boundary walls of this land. Besides, the awe and wonder of human beings rise at the sight of the Karimkulam-mountain - ranges. The holy land...

No-3

The flowing streams like Periyar, Bharatha Puja, and Kalladi do continue to offer pleasant sweet notes from time immemorial and here the waves of the ocean (Arabian Sea) experience horripilation during their union with the rivers like Chaliyar, Neyyar, Meenachil and many others. The holy land...

No-4

In this holy land one gets the direct experience of the beauty of coconut, willow, date palm, strawberry, oak and many more trees. Here also the lush green canopy-covers are widely extended by the sandalwood, Peepal, birch, nuxvomica, and banyan groves. The holy land...

No-5

The dense forest-places where the tuskers are torn by the tigers during fight, there the ferocious roarings of the lions are heard. Here also the human movements are frightened by the ferocity of the wild bisions, foxes, and leopards. The holy land...

No-6

This land is filled up with the musical notes that come from the cooing of the birds like cranes, horn-bills, kites & eagles, ducks, crows, and cuckoos. Here the song of Kerala is heard in the chirping notes of very many rows of birds of different colours during their circular movements in the sky. The holy land...

No-7

The wind glides in contact with the fragrance of the flowers like Champka, Asoka, Sevati, Utpala, Malli and others. Also times and again here the radiance is raised in par with the beauty of golden shower-flowers and fresh blue Kurunji flowers (the Neel Kurunji of Munna Hills). The holy land...

No-8

The all pervasive excellent lush green forests laden with flowering buds continue to offer pleasant smiling. Whether this is divine abode (land of God) or the land of Kerala, - thus the doubt is raised by the similarity driven towards both the ends. The holy land...

THE EIGHTTH PART THE SONG OF KARNATAKA *OR* THE SONG OF THE HOLY LAND OF KANNADA

No-1

The holy land of Kannada, looking beautiful like Nandana-vana (the pleasure garden of Indra, the lord of the denizens of heaven) is close to the heart of India, the living abode of divinity. Let this holy Kannada land for sure, the treasure-trove of all the noble thoughts of India on earth, enjoy victory for ever.

No-2

The radiance is emitted from the summits, the moment the rising sun reaches and kisses the Mullayan-mountain peaks and here the praise for excellence is heard in favour of the red ochre that pervades Baba Budan, Puspagiri, and Kumara mountains. The holy land...

No-3

Oh, Krishna river! Godavari! Kaveri river! here your bank-land-areas are prosperous (full of green vegetation/ laden with fruits and flowers) with regard to your wishes. Oh, Sarasvati! Kabini! Pennai! (& many other rivers!) with your water sprays the essence (excellence) is added to this land. The holy land...

No-4

Here there is exuberant growth of the groves of Chanana (Indian Mehagany), Karaschada (teak),Peepal, banyan, sandle wood, neem, and mango. Here again the pitch of musical notes (or beating times of music)is achieved by the murmurings of the groves of Jambu (black berry), Tintidi (tamarind), Adara (Oak), and Kichaka (Whistling bamboos) simultaneously. The holy land...

No-5

The troops of grey langurs and the herds of wild elephants continue to extend squeakings and trumpets respectively in the forests thronged by ferocious wild animals like bisons, foxes, bears, leopards, wild boars and many others. The holy land...

No-6

The canopy- covers in the sky are created by the birds like golden orioles, Sarasas, swans, cuckoos, cranes, green pigeons, and many others. The musical notes of the forest is heard with the chirping notes from the flights of the flocks of birds like kites, black drongos, wood peckers etc. The holy land...

No-7

Here the sacred places are smiling bright with Patala (roses), Champka, Kunda, lotus and many other blooms. In addition to the weaving art and beautiful sculptural excellences, the Bharat Natyam-dance is very much admirable. The holy land...

No-8

Here the meritorious men have accepted to sing the song of glory composed with the support of the logical excellences of the class of preceptors. The holy land of Kananda, embellished with higher values, for sure, is the seat of wisdom, the effulgence of which is seen the world over. The holy land...

THE NINETH PART
THE SONG OF GUJURAT

No-1

Gujurat, the holy land for us all, is full of elegance like the lovely divine lotus. Let this hallowed land, the treasure-trove of all the noble thoughts of the graced India, enjoy victory for ever.

No-2

Setrunjaya-hills along with auspicious Satpura mountain-ranges, Willson-hills, Raivataka-mountains and many others serve as the central naval point to this holy land. This is also the loving habitat to the MangalaVanas (Mangalaya forest ranges) which use to enjoy the contact of the Parnera and Pavagadha hills. Gujurat, the holy land...

No-3

With elevated thoughts the poet addresses the holy rivers of the land-Oh, Savaramati! Mahi! Tapi! Sarasvati! Narmadariver! This hallowed land is made luminous by you all. Besides, different parts of this landmass are beautified by the rivers like Daman, Vatraka, Rukmavati, Bhadara and others. Gujurat, the holy land...

No-4

Again this land is hallowed all over by the presence of the lakes like Narayana, Surasagara, Suputara, Munsara, Para and many others. Besides, Gangasara lake along with auspicious Kankariya and Gomati lakes present their smiling brightness. Gujurat, the holy land...

No-5

Here the wandering lions of the Gir-forest, that scatter (and kill) the herds of animals, continue to extend ferocious roars. The jungles thronged with dreadful animals are resonant with the chatters and squeaks of the monkeys and low murmuring sound of the crickets. Gujurat, the holy land...

No-6

Here the waves frequenting and dashing the prolonged sea-shores repeatedly continue to roar and present a beautiful stance. The flowering groves of the forest lands sprayed with water continue to extend ever new charming colours (ruddiness) with joy. Gujurat, the holy land...

No-7

In this holy land the wind is fragrant in all pervasive contact with the petals of white lilies, Patala flowers roses and full blown lotuses. The home lands here are served with the extensive embrace of the hibiscus and fresh jasmine blooms. Gujurat, the holy land...

No-8

This is the hallowed place of union of innumerable people where the essence of the cultures of different social groups and communities are admirably accepted. Again here the human life is made meaningful with the glowing grandeur of the sculptural and architectural excellences. Gujurat, the holy land...

THE TENTH PART
THE SONG OF GOA

No-1

The holy land of Goa, the place of union of the people has reached closer to the heart of the Indian land of divinity. Let that beautiful abode, for sure, the treasure trove of all the noble thoughts of India on earth, enjoy victory for ever.

No-2

This divine land, coming in contact with the Western Ghat mountain-ranges enjoys immeasurable elegance. Besides, this is delightful like Nandana Vana (the name of the pleasure garden of Indra, the lord of the denizens of heaven) at the extensive shores of the great Arabian Ocean. The holy land...

No-3

This lovely site for the boating sports in sea-water is decorated with the abundant wealth of islands. Here the flocks of birds with their glamorous presence in rows in the sky continue to giggle through their auspicious twitters. The holy land...

No-4

It has exceedingly shining bright sandy sea-shores, and numerous ponds which are filled up with the water that contains the medicinal floral exudes. Here the wind, cheerful in contact with the groves bent by the presence of the abundance of swinging fruits, is made fragrant with unfolded blooms. The holy land...

No-5

Greeted with the curious tidal waves of Zuvari- river here the Mandavi - river - water exhibits its shining excellence. In the place of union of both the rivers (Cabo Aguada, a common meeting point at Arabian Ocean) there is the formation of a beautiful harbour titled Mormugao. The holy land...

No-6

This is the natural habitat to the trees like Raktarjuna (Arjuna- tree/ Terminalia arjuna), Sahakara (fragrantful mango), Sirah phala (coconut / Kalpavṛkṣa or desire-yielding-tree of Goa), Peepal (Sacred fig), Tala (Palm or Palmyra tree) etc. Here the wind, moving around the green sylvan groves of Kokum (Gracinia indica), Saka (teak), Panasa (jackals - tree) etc. offers the experiences at its pleasant arrival. The holy land...

No-7

Here the forest places are deadly with the habitation of the wild animals like leopards, jackals, foxes, boars, hyneas and monkeys (with - Macaques, Langurs etc.) Further the animals like spotted deer, Sambara- deer, barking deer, wild bisions also mark their presence. The holy land...

No-8

In addition to the Eastern cultural (architectural) achievements of India this holy land exhibits the Western architectural elegance simultaneously. Besides, in the enjoyment of the lives of the people with beautifying musical dances, the extension of the horripilating melodious songs mark their presence. The holy land...

THE ELEVENTH PART
THE SONG OF CHATTISHGARH

No-1

Chhatisgarh, the holy place pf union of the people of this shining India, belongs to us all. Let this hallowed land, for sure, the treasure-trove of all the noble thoughts of India, enjoy victory for ever.

No-2

This place is the seat of divine glow that comes from the Vindhyas, beautiful Maikals, and the Satapura mountain ranges. The forestlands laden with fruits flowers under the blue sky foster charming beauty on earth. Chhatisgarh, the holy place...

No-3

One gets here the silvery beauty that comes from the exuberance of the water of the rivers like Indravati, Sibanath, Mahanadi etc. At the confluence (site) of the rivers like Sondhur, Pairi, and Mahanadi the Rajim city is created as a holy place of union (Tirtha) of the people. Chattisgarh, the holy place...

No-4

The land emits green - glow that comes from the groves created by the trees like Tinduka, Bijaka, Sallaki, Saka (teak), Sala, Madhuka and many others. Here the splendors of the abundance of fruits like guavas, baels (wood apples), lychees, mangoes and jack fruits are enjoyed. Chattisgarh, the holy place...

No-5

Here due to the ferocious roars of the tigers, the wild animals like leopards, boars and hyenas adopt random wanderings in the forest places and make them dreadful.

Also the pangolins, Hingool- deer, barking deer, wild bisons, Gayals and many others usually continue to wander here. Chattisgarh, the holy place...

No-6

Here the early dawns are charming with the presence of the birds like swans, black drongos, Parakeets, common quails, cranes, cuckoos and many others. The morning breeze comes with the fragrance of the Kopuphul-flowers (Kopuphul/ Foxil orchid) in addition to the full blown flowers of various colours (like Marigold, Gladious Tuberope, Gerbera, Roses, Anthorium/Lilium orchid etc.). Chhatisgarh, the holy place...

No-7

There is extension of the musical notes that come from the popular Fugudi - dances. Here the auspicious Sohar-songs (Lullaby) continue as if in harmoney with the mind-blowing lori - songs meant for children. Chhatisgarh, the holy place...

No-8

Here excellence is marked in the famous weaving skills of silk sarees (garments) and in the nonferrous metal casting skills of Dhokra- Works of art. The honored sobriquet rightly conferred on it as the Rice-Bowl of Central India, is admirable. Chhatisgarh, the holy place...

THE TWELFTH PART
THE SONG OF JAMMU & KASHMIR

No-1

Accompanied by lovely Jammu region the hallowed Kashmir Land is the sacred place of union of the people on earth. Let that elevated land, for sure, the treasure-trove of all the noble thoughts and wishes of India, enjoy victory time and again.

No-2

Embraced by cool and free wind here the blue - sky looks exceedingly beautiful and the Pirpanjal mountain-ranges in contact with the Himalayas (Himalayan mountain ranges) present a shining bright smiling glow. Accompanied by...

No-3

This holy land is marked with the pleasant flow of the rivers like Sindhu, Jhelum, Chenab, and Ravi. In this flourished motherland of beautiful green vegetation whether these rivers are the lovely glow of the diamond necklaces ? Accompanied by...

No-4

The place is the natural habitat to the Kuttimadaru (maple tree), Bhavani (Chinar treee), Ambuja (oak tree), Deodar tree and many others. Here there is abundant growth of Tuda (mulberry) Akhota (walnut), & Kela (Kail) trees which beautify the forest-groves. Accompanied by...

No-5

In the forest lands the bellowing, roaring, howling, and woofing sounds respectively of the animals like Hingool-deer, snow-leopard, jackals, and brown bears are remarkable. Besides, the sportive dance and the move of the barking deer and Himalayan gorals are very well enjoyable. Accompanied by...

No-6

The genteel breeze comes wavering the Manasabala (lake) lotus - blooms, Kachnar (Kovidara/ Kudara), Kesar (Saffron), Nargis (narcissus) flowers and many other blooms. Here the early dawns are usually fragrant with the blooms and blossoms of Malli (jasmine) Subanchala (Sunflower) and lovely Japa (gulmohar) flowers. Accompanied by...

No-7

Here the sky gets covered with the rows of birds like black-necked cranes, bulbuls (singing birds), crows, wood - peckers, and many others. The bowers of the trees are noisy with the humming of the bees, twittering notes of blue pigeons (blue rock pigeons), and the flocks of other birds of various types. Accompanied by...

No-8

Here one comes across the extension of the musical notes of mind-blowing Sufi - songs (Sufian Kalam) and beautiful Chakri-dances (Rouf folk dance). The honor of India is seen here extensively marked in the architectural excellences and beautiful artistic devices. Accompanied by...

THE THIRTEENTH PART
THE SONG OF JHARKHAND

No-1

The Indian land of divinity, hallowed again with green vegetative earth, presents excellent elegance. Let that sacred place of Jharkhand state, for sure the treasure-trove of all the noble thoughts of India, enjoy victory time and again.

No-2

The elevated summit decorated with Parasanath mountain ranges presents shining smiling glow. The mountains like Dhvajadhar, Netarahatak, Kohlua, Tagore-giri stand like forts at the boundaries. The Indian Land of divinity...

No-3

Here one gets the repeated musical beating notes of the water of the flowing streams (or the prolonged extension of the flowing rivers) like Damodar, lovely Sona, and Subarnarekha. Besides, the singing songs at the time of the yield of bountiful harvests, (of corns and fruits) are experienced due to the beautiful water sprays of the Ganges, Koyala river and many others. The Indian land of divinity...

No-4

This is the natural habitat to the groves of Sal, Rasala (Mango) Bibhitaka (Beheda), Bamsa (Bamboo), Madhuka(Mahua), and Panasa (Jack fruit tree). Besides, the beautiful decorative devices (dress-decoration) for the land is created by the groves of Salmali, Kesara (Punnaga), Jambava (Jambu -black berrytree), Neem, Kadamba, Sirisa and many others. The Indian land of divinity...

No-5

Here in the forests thronged by tigers, wild boars, and hyneas, the confused noise of the leopards, monkeys (Rhesus, Langur etc.) and other animals are heard. This also serves as the natural habitat to jackals, foxes, wild bisons, herds of deer, pangolins, etc. The Indian Land...

No-6

This is the place of flying joy for the birds like cuckoos, golden orioles, Chatakas, blue breasted quails, sparrows, pea fowls and many others. Also here the twittering notes of the birds like hawks, ducks, crows, parakeets, green pigeons are experienced repeatedly. The Indian Land...

No-7

Here one gets the glow and glamour of the flowers like Kimsuka, Parijata, Malli, Subanchala and others. Also the smiling beauty of the flowers like Kairava (White lilies), Patala (roses), bloomed lotuses, Kunda (tulips) and Kadamba are experienced. The Indian Land...

No-8

One delights in the experience of the excellences related to the famous Kohvar- paintings (and Soharai- murals), wooden art and cane-made artisan ventures. Also here the songs with charming musical notes are raised by the lovely performing dance-art that accompanies the beautiful folk-arts of mutual co-operation. The Indian land...

THE FOURTEENTH PART
THE SONG OF TAMIL NADU

No-1

Belonging to the divine human beings the state of Tamil Nadu, hallowed by the sprays of the Indian ocean, is the divine abode of nonpareil beauty on earth. Let this sacred abode, for sure, the treasure-trove of all the noble thoughts of India on earth, enjoy victory for ever.

No-2

The hightened beauty of the summits of the mountains like Nilgiri, Doddabetta, Arunanchal, Velliangiri and many others are enjoyed here in this land. The charming bright parts of the mountains like Meghamalai, Palani, Kolli etc. are also seen elevated. Belonging to...

No-3

The rivers like Vellar, Palar, Baigai, Vaippar, Thamirabarani and many others serve as the decorative wears to this sacred abode. Also here one gets the glow of the abundance of fruits and flowers which is enriched by the waters of Kaveri and Then pennai rivers etc. Belonging to...

No-4

The trees like Peepal, Salmala, Sal, Rasala (Mango), Kadamba, Nimba (Neem) etc. extend elegance to this land. The clusters of trees like Palm (Palmyrah) teak, tamarind and banyan looking like the hermits having matted lucks (bushy fibre covers) as if have continued to practise penance here from time immemorial. Belonging to...

No-5

This is the natural habitat to the wild animals like Nilgiri Tahrs Pangolins, black-bucks, and various monkeys (Langurs and bonnet macaques). Frightened by the wandering movements of the tigers here the bears, leopards, and tuskers are made to roar on the forest lands. Belonging to…

No-6

The agitated musical notes of the flocks of birds like emerald doves, ducks (gease and swans), Sarasa-birds, house crows, cuckoos and many others, are heard here regularly. The forest- lands are always made noisy with the humming of the bees and the twittering notes of the birds of various types. Belonging to...

No-7

Here the joy of the travelers are always created by the sprays of fragrance that comes from the lotus verdant - pools. The Tamil- India is charmed here with innumerable blooms of flame -lily-flowers. Belonging to...

No-8

This is the hallowed land of the sages and seers who adhere to the righteous conduct, ethical and moral principles enunciated by the Vedas and the Tirru Kurals. Besides, in addition to the sculptural and architectural excellences the famous dance-art, the Bharata Natyam is practised here effectively. Belonging to...

THE FIFTEENTH PART
THE SONG OF SACRED TELGULAND

No-1

Like exceedingly beautiful divine abode of the denizens of heaven situated near the sea-shore, this sacred Telgu-land is for sure the treasure-trove of all the noble thoughts of India on earth. Let this divine land enjoy victory for ever.

No-2

This is the loving site with the presence of the mountain ranges of Nillamala-hills, Seshachal-hills, thick Mangala giri- hills etc and dense forests. Here there are elevations of the Armakonda and many other extensive mountain-ranges (Eastern ghats) etc. Like exceedingly...

No-3

This sacred land is pleasant with the sprays of the rivers like Godavari, Krishna, Svarnamukhi, Musi, Bhima and many others. Here, as if, the sacred Telgu abode is singing the songs of joy flowing from the abundant yields of unfolded blooms (of crops, fruits, and flowers) nourished by the water-sprays of the river Bansadhara. Like exceedingly...

No-4

Here the genteel breeze is fragrant in contact with the groves of guava, peepal, neem, mango, Kadmba and many others. There are lovely abodes of bowers in forest lands which even surprise the mind of the sages and seers. Like exceedingly beautiful...

No-5

The jungles are here deadly with the presence of the wild animals like black - bucks, spotted deer, leopards, wild bisons and many others. Here the human movement is obstructed by very ruthless, rough and hard presence of tigers, rabbits, and otters respectively. Like exceedingly...

No-6

This is the land that enjoys the twitters of the flocks of birds like crows, black drongos, doves, (rain-) quails, parrots, storks and many others. The forest places are covered with the flyings of the flocks of birds like Sarasas, flamingos, emerald doves (green pigeons), owlets etc. (many other high soaring ones). Like exceedingly...

No-7

This sacred land is filled up with the smiling blooms of Tangedu-flowers, roses/ Patala flowers, Asoka flowers, jasmines and lotuses. Also here the fragrance of the blossoms of Nagesvara and Devakanchana etc. are very enjoyable. Like exceedingly...

No-8

In addition to the wonderful dazzling sculptural and architectural excellences, here one gets the perfect enjoyment of the musical beatings achieved by famous Kuchipudi-dances. Besides, this land is vibrant with the songs of glory that flows from the philosophical speculations propounded by the Vedic, Buddhist, and very many other seers of distinction. Like exceedingly...

THE SIXTEENTH PART
THE SONG OF TRIPURA

No-1

The famous and the hallowed land of prosperous Tripura belonging to us all, presents a very glamorous view. Let that lovely sacred abode, for sure, the treasure -trove of all the noble thoughts of India enjoy victory for ever.

No-2

This is the decided habitat to Debatamura, Boromura and many other mountain ranges. The genteel breeze, enjoyed by (coming in contact with) Longtharai and Shakhan mountain-ranges (and many other ranges like Jamrai Tlang, Jampurihills, betling chhip etc.) extends its sweet giggling notes. The famous and...

No-3

The poet addresses the rivers-

Oh, Gomati! Pheni! Dhalai! Titasa-nadi! by your water sprays this sacred land enjoys prosperity and development. Besides, the sportive cheerfulness has reached through numerous sweet water flows of the rivers like longai, Musali, Khovai and many others. The famous and...

No-4

The sylvan gale is energetic in contact with the green groves of Gambhari (Gamar/Gmeli na arborea), and charming Sals. Besides, this is the agreeable habitat to the groves of Mahogany, Teak, sweet Kendu, Garjan, Kamboji (Agar tree/ eagle wood/ state tree of Tripura), and many others. The famous and...

No-5

Here in the Jungles the wanderings of the clouded leopards,wild bisions, gibbons, and languor etc. are dreadful and the free movement of the barking deer, Sambara, deer, and elephants are frightened by the (roaring of) the tigers. The famous and...

No-6

One gets here the dazzling brightness of the flight of the birds like hawks, black drongos, wood packers, quails, rain-quails, green imperial pigeons, and many others. Also the musical twitters flowing from the flight of the flocks of birds like herons & storks, (white winged) ducks, sarasa-birds, cuckoos, golden orioles etc. are ear-regaling. The famous and...

No-7

This sacred land is fragrantful with the flowers like Nagesvara, lovely Parijata (night jasmine/coral jasmine), white lilies, and roses. Again here the living abodes are full of fragrance with red-lilies, white lilies, various colorful flowers and lotuses. The famous and...

No-8

This lovely land is the place for the protection and growth of artistic advances achieved through the hand-made bamboo artefacts, fiber & cotton works, and needle works / appliqué works. This is the place of excellence to the respected people agreeable to the dancing arts that rise from various accepted cultural sources. The famous and...

THE SEVENTEENTH PART
THE SONG OF NAGALAND

No-1

Nagaland, the honored, beautiful and holy place of union of the people (of India) is for sure, the treasure-trove of the noble thoughts of India. Let that elevated holy land enjoy victory for ever.

No-2

This is the natural habitat to the mountains like Mount Saramati of Nagahills, Patkai, Mol Len and many other mountain ranges. Here the surprising glow of elegance comes from the Mount Paona, and Punkhung hills. Nagaland, the honored...

No-3

In this land the harvesting glamour (of crops,fruits and flowers) is reached by the water of the flowing streams like Doyang, Dhanasiri, Milak, Barak, Dikhu and many others. Also this holy abode is made prosperous with the lovely sprays of the water that flows from the rivers like Jhanji, Zungki, Tizu, Kusiyar etc. Nagaland the....

No-4

This is the natural habitat to the groves of Prabadara (Cherry), Maple, Sainghal (Laurel), Peepal, Bhurja (Birch tree), Adala (oak), and many other. The beautiful bowers of trees are seen created naturally with the groves of Holongs, Alders, Pinetrees, Shalmalas (Slik-cotton trees) etc. Nagaland, the...

No-5

Here in the jungles the forceful movements of the wild animals like tigers, jackals, bears, bisons, and monkeys (langurs) are dangerous. Besides, this is the accepted habitat and wandering place to the wild elephants, Samber -deer, barking deer, Gayals, and many others. Nagaland, the...

No-6

Here during the flight of the flocks of birds like Blyth's Tragopans (State bird of Nagland), ashy drongos, and & wood peckers etc. the twitter-notes are enjoyable. Again the airy atmosphere becomes melodious with the chirping notes of the birds like famous and lovely Chatakas, patridges, green pigeons, and many others. Nagaland, the...

No-7

The glamour and glow of the flowers like Orchids, jasmines, sunflowers, anthoriums and lilliums are experienced and the dazzling beauty of the Kuruvaka flowers, Champakas, Vanda flowers, roses and geraniums decorate the land. Nagaland, the...

No-8

The beautiful life of festivities of the people is filled up with dance, music and songs. Again here the honour of India in enhanced with the artistic excellences achieved through the needle works of art, weaving art with threads and fibres, and engraved wooden artistic ventures. Nagaland, the...

THE EIGHTEENTH PART
THE SONG OF PUNJAB

No-1

Our Punjab state,a holy place of union of the people (of India) is the hallowed living abode of the loving human beings. Let that elevated abode of glory, for sure, the treasure-trove of all the noble thoughts of India, enjoy victory for ever.

No-2

Here the canopy -covers of sky is kissed by the mountain-ranges decorated with lofty summits.In the forest places with murmuring notes created by the genteel breeze,the movements of the rows of humming bees are enjoyable. Our Punjab state...

No-3

The flowing streams of Jhelum, Ravi and the raised indistinct notes of Chenab-river have been proved extremely favorable and graceful to this sacred land. Here the river-banks are made foamy with Satlej-water that enjoys the intimate contact of the waves of Beas (river).Our Punjab state...

No-4

This in the favorable habitat to the groves of Nandika (Indian Mehogany), Nimba (Neem), Rasala (Mango tree), Bata (banyan), Badara (jujube), Devadaru (cedar trees) and many others. Here the wind blows in contact with the green groves of Akhrot (Walnut), Arjuna, Peepal, Kakkara (Babbul), Saka (Teak), and many other ones. Our Punjab state...

No-5

This is the most favorable habitat to the herbivorous wild animals like black-bucks, rabbits, barkingdeer, Sambar-deer etc..and here the forests are sportively inhabited by the ferocious animals like leopards, foxes, pangolins, bears, bisons and many others. Our Punjab state...

No-6

Here in this land the chirping notes of the flocks of birds like Bajas (Northern Goshawk) peafowl/peacocks, sparrows, storks, partridges, cuckoos and many others are heard. Again this land in resonant with the twitters of the swans, black drongos, ducks, Sarasa -birds, golden orioles etc. Our Punjab state...

No-7

This holy land is the gift of the revered Gurus (teachers & preceptors) who are worshipped by the war-winning great heroes (dedicated divine heroic fighters)and the noble human beings. Again here the laudable human songs flow from the honour-enhancing deeds of the extermination of foes. Our Punjab state...

No-8

In addition to the Phulakari-embroidery art on the wears, here very beautiful art is created through the lovely Chowk-paintings (flour pictorial art on the surface of the floor, and mural wall-paintings). Further with regard to very popular cultural excellences of this sacred land the rhythmic musical effects of Bhangra -dance (and many other dances) are enjoyed. Our Punjab state...

THE NINETEENTH PART
The Song of Bangla Sacred Abode

No-1

Here the famous land of Bangla,belong to the people of heroic deeds, is the sacred place of union of the people (of India). Let that holy land of Bangla, for sure, the treasure-trove of all the noble thoughts of India on earth, enjoy victory for ever.

No-2

This land is made holy all over with the great rivers like the Ganges, Tista, Meghna, Padma, Suvarnarekha etc. and presents the shining glow of the famous flowing streams of Brahmaputra, Anjana, Bhairava, Yamuna, Damodar, Punarbhava and many others. Here the famous land...

No-3

The central base of the land is found with the locations of the mountain ranges like Panchets, Simchulas, Darjeeling- Kurseong hills, Susunias, and Cholas. This also presents its elegance with the peaks of the mountains and mountain-ranges like Mukutamanipura, Ghumgiri, Tiger and many other. Here the famous land...

No-4

Here the dense forests are the natural habitats to the wild animals like the Sambar-deer, leopards, black bears, tuskers etc. Besides, the roaring sounds of jumps and attacks are heard in the forest lands of Sundaravana where the royal Bengal tigers manifest their shining vigour. Here the famous land...

No-5

In this land with the decorous presence of the flocks of various birds including Sarasas, swans and ducks, the yellow footed green pigeons expose their elegance. Again with the chirping notes of the Khanjan birds and humming notes of the bees, the sweet melody of the Cuckoos enthrall the audience. Here the famous land...

No-6

This land is the favorable habitat to the growth of the groves of areca-nuts, mangoes, baels, neems, jackfruits, and many others. Besides, the decorative wear to this land is provided by the groves of Peepal, Sarada (Saptaparna) and coconuts in addition to some other groves of Punnagas and Talas (Palms). Here the famous land...

No-7

Here the shore-site-lands are made fertile and prosperrous with the sprays of the roaring ocean (bay of Bengal) which is always filled up with the prolonged rows of elevated waves. Again the extensive beauty of this sacred land is achieved through the green meadows and charming Sal-groves. Here the famous land...

No-8

Here the ear-regaling songs by the poets are achieved through their dedication and devotion to the scriptures of the revered Gurus (teachers and preachers). Besides, the ever new rhythmic effects of life here are seen put to order by the cultural delights enhanced by the admired artistic and architectural excellences. Here the famous land...

THE TWENTIETH PART
THE SONG OF BIHAR

No-1

Like divine abode,this hallowed Bihar land, the treasure-trove of all the noble thoughts of India,is the holy place of union for us all on earth. Let this holy abode enjoy victory for ever.

No-2

The central base of this land is formed with the presence of the mountain-ranges and mountains like Parasanath, Kaimur-hills, Barbar-hills, Mandara giri, Rajgiri-hills and others.The waters of the flowing hot springs are made naturally to drop in Nanaka-Kunda and Lakshmana-kunda etc. and present a crystal clear pictorial view. Like divine abode...

No-3

The poet with the elevated thoughts addresses the rivers-Oh, Ganga!, Koshi!, Bagmati!, auspicious Phalgu! this land is made holy by your presence. Also it is made quiet and prosperous with the plentiful of water flows of the rivers like Ghaghra, Karamanasa, Kamala, Ajay, Dhadhara, and many others. Like divine abode...

No-4

Here the forests are deadly with the presence of the wild animals like tigers, leopards, spotted deer, bears, bisons, hyneas and many others. Besides, the sportive flyings of the flocks of birds like golden orioles, Sarasa-birds, house sparrows, ducks etc. with twitters present a lovely aerial view. Like divine abode...

No-5

This is the natural habitat to the groves of the mangoes, Bibhitakas (Beheda), Peepals, date-palms, lychees, etc. Besides, various scenic views are created by the green groves of Coconut, Arjuna, Kendu, Bata(banyan), and many others. Like divine abode...

No-6

The benefit of the enjoyment of the fragrance of the blooms of jasmines, sun-flowers, white lilies, and roses is experienced here times and again. Here the ruddy golden-brown pollens of the flowers like Kancnar, Kimsuka, full bloomed lotuses present an eye-riveting sight. Like divine abode...

No-7

This land is the repository of the essence of the cultural gains achieved by the lichhabi dynastic domain that ruled over the territorial kingdoms like Bhojpur, Anga, Magadha, Mithila and others. Again this holy Place Bihar (a state of Indian democracy)is elevated with the experiences of the fragrance of the administration that flowed from the Mauryan and Gupta-dynastic rules. Like divine abode...

No-8

This sacred land is the great and prosperous human foundation on earth that flourished with the philosophical speculations that sprang from the Vedic, Jain, and noble Bhudhist wisdoms. Here the songs of glory (of India) originated with the praise for the globally acknowledged great teachers of ancient India and with their great achievements in the fields like arts and other artistic excellences. Like divine abode...

THE TWENTY FIRST PART
THE SONG OF MANIPUR

No-1

Here Manipur, the holy place of union of the people is brought closer to the heart of India, the land of divinity. Let this sacred land, the treasure-trove of all the noble thoughts of India on earth,enjoy victory for ever.

No-2

This land is protected by a great fort created (with the boundary walls) by the mountains and mountain-ranges like Mount Tenpu,Mount Koubru and many others (like the hill-ranges of Chingai, Mapithel, Munian, Kayangbung, Shirui, Kachao bung etc.). Here the natural music is created by the genteel breeze under the clear and beautiful blue skies. Here Manipur...

No-3

This land is hallowed by the waters of the flowing rivers like Imphal, Manipur, Iril, Nambul, Jiri, Barak, and others. Here the sweet charming giggling note is created by the murmuring streams of Khuga, Thiubal, Tuitha etc. Here Manipur...

No-4

This is a favorable habitat to the groves of Bonsums, Muns(Mudani),bamboos, oaks, Babuls, teaks and many others. Besides here the grass-green meadows and Luzon pine forests grow close to each other and create a scenic view. Here Manipur...

No-5

This is the sportive ground for the growth of the animals like brow-antlered-deer, rhinoceros, gayals, wild bisions, and tuskers. Besides, the forests are deadly with the wanderings of the wild beasts like tigers, clouded leopards, black bears and many others. Here Manipur...

No-6

This is the land where the shining glow of the flocks of birds like, Nong-ins (Hume's pheasant, the state bird of Mizoram), hawk eagles, the parakeets, (bush-) quails, emerald doves, and others are enjoyable. Here the sweet tweets of the birds like swans, black drongos, (White winged-) ducks, sparrows, woodpeckers etc. (flamingos, maroon orioles, Indian rollers, king fishers, horn bills, baya-weavers, cuckoos, cranes, green peafowls, egrets, mountain imperial doves, and others) are ear-regaling. Here Manipur...

No-7

Here the residential areas are fragrant with the blue lilies, white lilies, roses, Manipur-Mangolia (Manipur Champak) and the charming glow of the land is always extended by the flowering hibiscus and jasmines with other numerous blooms. Here Manipur...

No-8

This sacred land with rising excellences of its dancing art and lovely fine arts shines forth like the jewel of India. Besides the Loktaka-lake decorated with the floating island-parks (phumdis), is the most auspicious hidden gem belonging to it. Here Manipur...

THE TWENTY SECONDTH PART THE SONG OF CENTRAL INDIA *OR* THE SONG OF MADHYA PRADESH

No-1

The central sacred land of India, like the divine abode, is an exceedingly beautiful place for us all. Let that holy abode, for sure, the treasure-trove of all the noble thoughts of India on earth, enjoy victory for ever.

No-2

The living abodes and the decorations of the holy land is embraced by the Vindhya mountain-ranges and the peaks of the mountain ranges of Dhupgarh and others. Here the mountain-places with abundance of fruits and flowers look horripilated after being kissed by (having got the contact with) the hovering swinging clouds in the sky. The central...

No-3

This land reaps the benefit of the holy water flows of the rivers like Chambal, Tapti, Dhasan, Mahi, Sona,

Mahanadi and many others (Jamni, Ken, Tons etc.). Here the river- bank- areas are made prosperous with the loving flowing streams of Betravati (Betwa) and Narmada simultaneously. The central...

No-4

In this holy land the wind blows in contact with the groves of Amra (Mango), Bibhitaka (locally popular as Behda), Pippala(Peepal), Salmali (silk-tree), Bata (banyan), Chandan (Sandle wood) and many others. The forest lands, filled up with the sweet twitter of the fledglings of birds in the nexts, as if take resort to their own singing songs of joy. The central...

No-5

This is the natural habitat to the herbivorous animals like Barahasringa-deer, bisions, spotted deer, Nil-gai (or blue Gayals) and others. Here the forest places are deadly with the throngs of ferocious wild animals like tigers, hyenas, pangolins, leopards, and foxes. The central...

No-6

The forest lands are resonant with the chirpings of the flocks of birds like storks, peafowls, black drongos, doves, patridges and others. Besides, here the splendours of the rows of the flocks of birds like vultures, Indians rollers, Chatakas (Chatak birds/ Hornbills) cuckoos, sparrows etc. rivet the eyes and are enjoyable.The central...

No-7

This is the natural growing habitat to the abundance of blooms of Kimsuka (Palasa-flowers), lotuses, roses, orange flowers, and Dhattura-flowers etc. The early dawns come here with the humming bees in the flowering groves of jasmines, Kutajas, and Parijata flowers (Night-flowering jasmines). The central...

No-8

The beauty of this holy land is enshrined in the artistic

and architectural excellences that developed with the introspection, proof, and instances of the seers of the Vedic, Buddhist and Jain-wisdom. Again this happy abode for the enjoyment of the songs of recommended scriptural wisdom, is for sure, the direction as well as the explanation of the heart of India. The central...

THE TWENTY THIRD PART THE SONG OF MAHARASTRA

No-1

Like the divine abode, this holy land of Maharastra, the treasure-trove of all the noble thoughts of India on earth, is a sacred place of union for us all. Let this holy land enjoy victory for ever.

No-2

The sweet shining glow of the lofty mountain-ranges of Sahyadri and lovely Konkana is here enjoyable with the dense forest-places located at the prolonged and vast shore- regions of the Arabian Ocean. Like the divine abode...

No-3

In addition to the elegance of the mountains like Torna, Purandara, Salher, Dhodap, Raigad and Ratangad, the songs of glory of this land get extended with the presence of the Brahmagiri, Ghanchukar, and Anjaneri-mountains. Like the divine abode...

No-4

The poet with an elevated mind addresses the rivers of the land as follows-Oh, Tapi river! Oh, Reba (Narmada!) here in respect of your wishes the bowers in the groves at your sites are sprinkled nicely, Oh, river Krishna! Godavari! a lot of gardens, parks, thickets, woodlets and coppices are seen developed with your sprays (irrigation). Like the divine abode...

No-5

This is the loving habitat to the sky soaring birds like (yellow footed-) green pigeons, peacocks, Chakoras, Chatakas, cuckoos and many others. Here the blue waves of the river- water are filled up with the presence and the cackling notes of the water roving birds like Sarasas, Swans, and ducks etc. Like the divine abodes...

No-6

Here one reaps the benefit of the enjoyment of fragrance emitted by the full blown flowers like Champka, Patala (rose), Kunda (tulip), Kamala, (lotus) and novel jasmines. Besides,the ever-new feelings of the heart are roused by the blooms of red lilies, white lilies, and night flowering jasmines like Parijata, Rajanigandha and others. Like the divine abode...

No-7

Here in addition to the sculptural and architectural advances (of Elephanta-island/Gharapuri cave) the paintings in the caves (Ellora & Ajanta) rivet the eyes. Besides, this hallowed land is the nurturing abode of truth elevated with the introspective righteous wisdom of the seers and sages of the Buddhist and Jain scriptural ways of life. Like the divine abode...

No-8

The honour of this holy land has excelled with the fame of the highly esteemed poets and most revered classes of teachers. Again this is the abode for the songs of human glory that is achieved in fostering an elevated life of human beings. Like the divine abode...

THE TWENTY FOURTH PART
THE SONG OF MIZORAM

No-1

Mizoram, a favorable, beautiful, holy, and honored place of union of the people (of India) is for sure, the treasure-trove of all the noble thoughts and good wishes of India. Let that (holy) elevated land enjoy victory for ever.

No-2

Here the feelings of wonder and excitement are aroused by the rows of mountain-ranges like Phawngpui, Lengteng, Surtalang etc, and the shining glow of the abudance of fruits and flowers gets enhanced with the water of the flowing streams like Tlawng, Tieu, Chhimtuipui, Tuichanwng and many others (Khawthlangtuipui, Tuirial, Teirei, Tuirini, Serlui etc.). Mizoram...

No-3

This is the natural habitat to the trees like Kesara (Nagkeshar/Ceylon iron wood, the state tree) Hollock, Khair, Gharsaka (Rubber Tree), Hollong, Salmali (Simul) etc. Also here the wind with its sportive play blows in contact with the groves of Gambharis (Gamarh) lovely Sals, Kadambas, and many others (Ajhar, Sisso etc.). Mizoram...

No-4

Here in the green and cool charming groves the full grown trees have their prolonged expansions. With the radiance of the flowering buds and fresh twigs one gets an extended canopy-cover of the lovely bowers of trees. Mizoram...

No-5

This is the favorable habitat to the wild animals like tuskers, bisons, barking deer, Serow (goat-like-deer), and many others (Sahi, Saza, Sakei, Keite, Leopard cat etc.). Here the sound of roars, growls, woofings, hoos, and screechings respectivly of the tigers, dark leopards, bears, gibbons, and monkeys (stump-tailed macaques, phayre's leaf monkeys, capped langurs etc.) are heard regularly. Mizoram...

No-6

Here pleasant musical twitters of the birds like Vavu Tittirs (Hume's phesants, the State-bird of Mizoram) golden orioles, cuckoos, stroks, emerald doves are ear-regaling. Besides, the chirping sound during the sportive flyings of the birds like hawks, dukes, herons, parakreets, sparrows etc.(eagles, vultures, owlets, black necked stroks, water cocks, eagles, great hornbills, wood peckers, King fishers, quails, peacocks, black drongs, baya -weavers etc.) are very much enjoyable in this land. Mizoram...

No-7

The land looks elegant with the decorations of the flowers like Senheri (Red Vanda, the state flower of Mizoram), various roses, and Orchid flowers.The very lovely glamour of the place is presented with the multicolored flowers like hibiscus, anthuriums etc. (Marigold, Rosepar, Gingerlily, Chawning puipar, Dalia, Zinnia, Dulipar and many others). Mizoram...

No-8

This holy land is the most beautiful abode of the human beings who love to lead carefree, gregarious and peaceful life with the value of self-service for others. Here the songs of joy rises from the fibre-made-crafts (bamboo and cane crafts), weaving crafts, and the lovely dancing art forms (like chailam, Cheraw, Sarlamakai, Chawnglaizawn etc.). Mizoram...

THE TWENTY FIFTH PART
THE SONG OF MEGHALAYA

No-1

The holy land of Meghalaya, very lustrous with the charms of smooth and dense clouds on its mountain-tops, is for sure the treasure-trove of all the noble thoughts of India. Let this hallowed land enjoy victory for ever.

No-2

The Shillong- summit, with the presence of Daro and Khasi mountain-ranges emits nonpareil glamour and here one gets the benefit of the enjoyment of the genteel breeze that comes tossing the cool groves under the blue sky. The holy land...

No-3

This is the holy place of union of the rivers like Myntdu, Simsang, Jadui, Krishnai, Dudhnoi, and many others (Kopili, Digaru, Bharalu, Kulsi etc.) Besides, this place is very calm and beautiful with the waters of the flowing streams like Umkhrah and Bhogai. The holy land...

No-4

This is the natural habitat to the growth of the groves of Ghambhari (Gamar tree), Bata(banyan), Kantala(Deodar/Pine trees), Hollock, Saka (teak) and many others (Rubber trees, bamboos and canes, Sal, Oak, Bhelu, Bhura etc.). Here the Shining beauty of the abundance of fruit-groves like Pravadara (Cherry), Kharjura (date-palm), Sohphie, Lychee, Jackfruit etc. are enjoyable. The holy land...

No-5

Here the forest lands are dreadful with the roars of ferocious wild animals like clouded leopards, hyneas, tuskers, bears, bisons etc. (Leopard cat, jungle cat, Dhole-wild Indian dogs etc.). Besides, this is the sportive place of enjoyment to the herbivorous animals like barking deer, Serow, Sambar - deer and monkeys (Hoolock Gibbon, Capped Langur, Pig Tailed Macaque, Stump Tailed Macaque and Rhesus Macaque).The holy land...

No-6

This is the land of the shining beauty of the birds like grey-peacock-pheasants, great Indian hornbills, and green pigeons. Besides, here the tweeting melody of the birds like grey-head-eagles, swans, parakeets, storks and common hill Mynas (Giri- sarika, the state bird of Meghalaya etc.) are ear-regaling. The holy land...

No-7

The genteel breeze passes here in contact with the fragrance of the blooms of orchids, hibiscus, red lilies etc. and the early dawn is seen radiant with golden (and brown) powders of the pollens and of the petals of full blown roses and lotuses. The holy land...

No-8

Here the rhythmic effects of the signing notes of life are experienced from the excellences achieved through sculptures (marble art etc.), weaving arts, fine arts, and very many delightful folk-dances(like Shad sukmysiem, Shad nongkrem, derogata, do dru, sua, laho,etc.). Also here the honour of India is enhanced in continuous contact with the sweet, loving and elevated hearts of the people of this land. The holy land...

THE TWENTY SIXTH PART
THE SONG OF RAJASTHAN

No-1

Rajasthan, the lustre of India, the holy place of union of the people at its north-western front is for sure, the treasure-trove of all the noble thoughts of India. Let this hallowed Vedic land enjoy victory for ever.

No-2

This land is remarkable with the lofty heights of Dhosi and Gurusikhara mountain-peaks, which are the shining parts of the Aravali mountain ranges. Here the beautifully folded stairs of hills, curvatures, divisions etc are seen at the parts of Kana, Sunda and Mandari mountain ranges etc. (Belka, Taragarh hill, Dubaka Magra, Sand Mata, Talind, Mer). Rajasthan, the lustre...

No-3

Here the sweet rhythmic indistinct notes of the rivers like Chambal, Mahi, Banasa, Luni, and Ghagghara are enjoyable. Besides, the singing musical notes created by the flowing streams like Kothari, Arbari, Gomati, Sahibi, Sabaramati etc. (Jawai, Banaganga, Sukari, West Banas, Gambhir etc.) regale the ears. Rjasthan, the lustre...

No-4

This is the natural habitat to the trees and the groves or Nimba (Neem), Sirisa, Kadamaba, Karanja, Babul, Bakula and many others. Here one gets the sportive enjoyment of the sylvan gales that come shaking the fresh twigs and the lovely petals of the groves of Arjuna, Kharjura, Khejad (Khejri/Samitree, the state tree of Rajasthan), Peepal and others. Rajasthan, the lustre...

No-5

Here the forest lands are deadly with the presence of the ferocious animals like tigers, leopards, foxes, jackals, hyneas,etc. Again this is the loving habitat to the herbivorous animals like black-bucks, camels, Indian gazellie (Chinkara/ deer of small height and size), Sambar-deer,etc. (Asian wild cat, white footed fox, Striped hynea, smooth coated otter, Domestic water buffalo, Indian palm squirrel etc.) Rajastan, the lustre...

No-6

Here the fluttering sound of the sky-soaring birds like Bulbuls, sparrows, stroks, black drongos, wood peckers, and others rivet the attention. Besides, the canopy covers in the sky are created by various flocks of birds in rows like eagles, peacocks, ducks, cuckoos, patriges etc. Rajastan, the lustre...

No-7

The Maru-Gurjara architectural style (also known as Solanki-style) advanced with the artistic and architectural wisdom of Sind, Vedic and Jain schools of art, is the contribution of this land to humanity. Besides, the artefacts of fibre works (of canes and bamboos), weaving skills and needle works, teracotta, jewel ornaments etc. have their excellence. Rajastan, the lustre...

No-8

The genteel breeze moves here after being filled up with the fragrance of plentiful of full-blown Rohida flowers and various other charming blooms. Again here the signing melody of various cultures are seen effective with the performing dance-art (like Ghoomar folk dance and others), and ever-new painting works of art. Rajastan, the lustre...

THE TWENTY SEVENTH PART
THE SONG OF LACCADIVE ISLANDS

No-1

Here in this land (India) the Laccadive archipelago is the holy place of union of the people. Let that elevated hallowed land, for sure, the treasure-trove of all the noble thoughts of India on earth, enjoy victory for ever.

No-2

This is the abode from where the coral lustre is emitted from the groups of islands like Aminidivi, Minicoy, Laccadive (Cannanore Islands) and the embellished beauty of the islands is presented by the foamy blue waves of the Arabian Ocean. Here in this land...

No-3

Pitti- island is a very beautiful resort of habitation of the shining flocks of birds where the pelagic birds like brown noddy and others continue to present their notes of twittering melody. Here in this land...

No-4

The clear bright and glistening sand beaches ring the islands at bay and here the travelers enjoy the sports of diving in the ocean with the help of instruments meant for visiting deep down to the sea (kayaking, snorkeling, and scuba-diving).Here in this land...

No-5

Here the fragrance of the land is influenced by the nuts and the fruits like wild almonds, coconuts, numerous papaya-fruits etc. and the lush-green-lustre of the land is presented through the thick and dense leaves of jack-fruits (and trees), banana plants and others. Here in this...

No-6

Here there are numerous industrial units which are grown for the extraction and curling of coconut-fibres. Besides, here people derive unaffected delight that comes from the elevated life of the ocean-surroundings. Here in this...

No-7

Here the quick moving ripples with sweet notes are enjoyed in the lagoons that are connected to the waters of the ocean-shores, and again the platforms of various cultural novelties are here beautiful like the novel varieties of full-bloomed flowers. Here in this...

No-8

Here lovely musical notes are enjoyed during the folk-dances like Attam, Ullaka-muttu, Fuli, Parichakali, Kolkali, lava-dance, and many others (Thora, Bandiya, Dandi etc). Besides, the songs of joy are here derived from the beauties of the dance-art that spring from the people's life of festivities. Here in this land...

THE TWENTY EIGHTH PART
THE SONG OF LADAKH

No-1

The lovely abode of ladakh, a very beautiful and holy place of union for the people (of India), is for sure, the treasure trove of all the noble thoughts of India. Let that elevated land enjoy victory for ever.

No-2

In this land the mountain-ranges like the Karakoram, the Himalayas, the Zamskars are full of elegance and here Godwin(Mount Godwin Austen) is the lofty mountain peak that presents itself within the extensive mountain-ranges of ladakh. The lovely abode...

No-3

A very beautiful city-abode has been developed at the sites very close to the banks of river Sindh. Besides, after enjoying the praise-worthy contact with the mountains, forest places, villages & cities, two great rivers like Shyok and Sindh create a holy place of union of the people (Tirtha) at Ladakh-Baltisthan. The lovely abode...

No-4

In this land the sweet singing notes of the waters of the rivers like Doda (Stod), Zamskar, Suru, Gallowan, and many others (Shyok,Nubra, Drass, Tsarap river, Shingo etc) are heard incessantly. Besides, the surface of the earth decorated with the Pangong lake (Tso) gets a surrounding shore that presents nonpareil beauty. The lovely abode...

No-5

Here the genteel breeze is very clean and pure in contact with the groves of Urumana (Apricot), Pippala (Peepal), Seva (Apple), Akshotaka (Walnut/ Akhrot) etc. Besides, it is accepted as the accomplished truth that the medicinal plants (shrubs, weeds, moss etc.) like,

Iksura (Grudhranakhi/Capparis spinosa), Miromati (Nosomali/ polygonum aviculare), Solo (Rhodiola rosea) etc. are nectars (or Amrita that makes one immortal) among them on earth. The lovely abode...

No-6

Here one gets the roarings of the ferocious wild animals like snow-leopards, red- foxes, bears, and a hoard of hyneas, and many others (Himalayan brown bear, Tibetan Wolf, Eurasian lynx etc.) Besides, this is the natural habitat to the wild animals like (Ladakh-) Urial, Bhaharal (Blue sheep), Skyin (Asian Ibex), Tibetan, antelope, yaks (Chamara) and many others. The lovely abode...

No-7

Here the covering of the sky is made by the flocks of birds like Nyangars(brown headed Gull) Tuhina Tittiras (snow ptridges), Thangkar (Himalayan vulture), Congmo(snow cock), and many others. Again different musical twitters of the rows of sky-soaring birds like (golden-) eagles, (Brahminy-) ducks (Ruddy Shelduck), (Eurasian eagle-)owls, and black necked-cranes are heard regularly. The lovely abode...

No-8

This holy land is beautiful with the surface of the earth which is filled up with the abundance of blooms, clean water-lakes, and lofty mountain-passes. Besides, the Buddhist monasteries, lovely dances, enjoyable festivals, and active life of the people are here praise worthy. The lovely abode...

THE TWENTY NINETH PART
THE SONG OF SIKKIM

No-1

The sacred abode of Sikkim, the decoration of the Indian landscape of divinity, the holy place of union of the people, is for sure the treasure-trove of all the noble thoughts of India. Let that elevated abode enjoy victory for ever.

No-2

This is the most beautiful holy abode that is placed in the centre of the bright Himalayan mountain-ranges. The most elevated summit of the lofty Kanchan jangha-mountain presents here its shining glow. This sacred abode...

No-3

Again this holy land presents shining brightness that comes from the water-flows of Tista-river which glides there in addition to the flowing bright streams like Rangeet, Roruchu, Rangpochu and others. Besides, the result of the water-sprays (irrigation etc.) present the nonpareil beauty which is made possible for the flowing streams like Ratey chu, Lhonak, lachung, Jal dhak (Dichu-river)and many others (Ranikhol, Rellei, Talung, Rammam, Dharla etc.).The sacred abode...

No-4

Decorated with hundreds of lakes and numerous glaciers this holy land has achieved a lovely form and beauty. Again the murmuring hotwater fountain-flows presenting the looks of its raiments, are full of qualitative herbal medicinal properties. The sacred abode...

No-5

Here the bowers covered with creepers in fearful forests are full of dense darkness, and the rows of big flowering trees are seen with the humming notes of the bees and the twittering tremor of the birds. The sacred abode...

No-6

In this land the wanderings of the wild animals like leopards, bears, packs of hyenas, Pandas, and monkeys are fearful. Again this in the natural habitat to many other wild beings like black-bucks, yaks (Chamara), barking deer, mongooses, wild cats etc. The sacred abode...

No-7

Here one enjoys the excellences which could rise with the art of weaving wears, art of novel paintings and with lovely artefacts and architectural skills. Again here the songs of joy flowing from the dancing festivities of the Vedic, Buddhist, and various other cultural achievements are admirable. The sacred abode...

No-8

Here the geentle breeze moves with the fragrance of the groves and gardens of (Yum thang valley) numerous blooms including Dendrobium nobles/ orchids. Whether this holy abode is paradise (the divine abode of the lord of gods) or the Nandanvana (the pleasure garden of Indira, the lord of gods) ? - in this way various similitudes get scope in the hearts of the unlookers. The sacred abode...

THE THIRTIETH PART
THE SONG OF HARYANA

No-1

Belonging to us all the holy land of Haryana, the hallowed place of union of the people in this lovely Indian landscape, is for sure, the treasure-trove of all the noble thoughts of India. Let that holy abode enjoy victory for ever.

No-2

This land having got the excellence of the Vedic culture that originated at the foot-hills of the Himalayas, is very close to the banks of the river Ganges. Here one gets the beautiful songs of the class of poets who are enlighted by the revered seer Vyasadeva (the author of the *Mahabharata*) and are praised by the great sages of this land. Belonging to us all...

No-3

This holy land is the gliding place of river Ghagghara that is fed by the waters of the tributaries (river) which flow from the Shivlik mountain-ranges. Here the shining glow is emitted by the water of the river Yamuna that is fed by the tributaries like the river Sahibi and Thapana. Belonging to us all...

No-4

This is the favorable habitat to the groves of sandle wood, teak, Madhuka (Mahua), Salmali (Semul), Shisham (Sisso),and many others (Kikar/ Babul, Pine, Kusum, Apricot, Eucalyptus etc.) Again this is the land which is full of fragrances that come from the ripening fruit-laden groves of Oranges, Guavas, Mulberries, Mangoes etc.(Lichee, Chickoo, Ganganagar-kinnow, Fig,Black-grapes, Gooseberry, Pomegranate etc.). Belonging to us all.

No-5

This is the loving habitat and the sportive wandering ground to the herbivorous animals like blackbucks, yaks, dappled gazelle, Sambar-deer, wild tuskers etc. Also here the forest lands are fearful with the throngs of wild animals like lepoards, jackals, foxes, hyenas, monkeys (Rhesu, Macaque, grey Langur) etc.(panthores, mangoosc, wild dog, wild boar). Belonging to us all...

No-6

Here in this land the twitters of the flocks of birds like black francolins, sparrows, (emerald-) doves, drongos, peacocks etc. are heard regularly and the musical notes of various types are created by the birds like Sarasas, swans, ducks, cuckoos, quails, Kali's pheasant and many others (Baya-weaver, golden oriole, black bulbul, rock doves, greater flamingos, great egrets, painted storks, Indian Myna, rose-ringed parakeets etc.). Belonging to us all...

No-7

In this land the songs of joy flow from the handloom arts like Shisha (a type of embroidery that attaches small pieces of mirrors or reflective metals to fabric) and Phulkari (an art on womens clothings i.e Choli, Ghagra etc. with magnificent colors and intricate embroidery) and also from the lovely plays like Sanga (Svang) and famous dances like Ghoomar (loor etc.). Again here one gets the beautiful art of wall- painting, terracotta (clay art) with many other artefacts and architectural excellences. Belonging to us all...

No-8

Here human life is graced with a sense of fulfillment with scriptural wisdom imparted by the class of revered teachers. Again very admirable is the enrapturing culture of this evergreen holy abode (Haryana Dham) that is full of blooms and fragrances. Belonging to us all...

THE THIRTY FIRSTH PART
THE SONG OF HIMACHAL PRADESH

No-1

The beautiful state of Himachal Pradesh in the divine Indian landscape, is a holy abode of union of the people. let that elevated abode, for sure, the treasure-trove of all the noble thoughts of India, enjoy victory for ever.

No-2

The rows of mountain-ranges of the Himalays, Dhauradhar, and lovely Pirpanjal resemble the garlands of this holy abode. The cool and genteel breeze continues to blow here on the surface of the earth under the bright skies. The beautiful state...

No-3

The abundance of (agricultural and forest) produce that is given rise to by the water flows of the lovely Yamuna,

Chenab and Satlej rivers, is very much favorable to this land. Besides, the shining bright smiling glow of the foams are here enjoyable in the river Beas in the same way this is experienced in the river Ravi and others. The beautiful state...

No-4

This is the natural habitat to the groves of Poplar (Peepal), Robinia (Robinia Pseudo acacia), Jalavetasa (Willow tree), Devadaru (Deodar cedars) and others (bamboos, khair / Khadira, Fir, Spurce, Cheel, Kail / blue pine, Moru/green Oak etc.). Again here the sportive growth of the groves of Ambuja (Oak), Seva(apple), Rasala (Mango), Pine (Chilgoza pine/ Chirpine etc.) are remarkble along with the evergreen meadows (Alpine pastures). The beautiful state...

No-5

The dense forests are here agitated with the presence of the wild ferocious animals like snow-leopards, brown bears, monkeys, and many others (Himalayn black bear, leopards etc.). Again these are the sites for the enjoyment of the fragrance of musk (from the musk-deer) and the wanderings of the herbivorous wild beings like wild Yaks, Himalyan Thars, Ghoral deer, etc. (ibex, black-buck, Himalayn yaks). The beautiful state...

No-6

The ear-regaling twitters of the flocks of birds like sparrows, peacocks (Rock-) doves, parakreets, cuckoos etc. (Asian Barred owlets, Fly catchers, Black throated Tit, Bluethroated Barbets, Blue Whistling Thrush, Cattle Egrets, Bulbuls, Oriental Magpie Robins) are very much enjoyable. The flapping sound of the wings during the flights of birds like snow-patridges, cocks and hens, Monal pheasants, and Jujuran-birds are also remarkable. The beautiful state...

No-7

To the lovely eyes of the poet:- Whether this is the land of fruits that decorates India or the glamour of the decoration of beautiful blooms? Besides, like the shining bright smiles of the people, here this land is the collection of white snows in form of Shigri Glacier (and many others). The beautiful state...

No-8

This is the place of paring (of wood and stones) artistic excellences in addition to the handloom-art that relates needle-made embroidery, and weaving of silk-wears. Again this is the seat of cultural glamour for painting-art (Like Kangra, Pahari etc.) and the representation of Nati-dance etc. (Dandi, Chanak chan, Lahuli etc.) which combine beautiful songs and sweet musical notes simultaneously. The beautiful state...

THE THIRTY SECOND PART
THE SONG UNIVERSAL

No-1

This world (the surface of the earth, heaven, and water) belonging to us all, is a beautiful place for the union of mankind. Let this immortal holy place, the treasure trove of all the noble thoughts and feelings of human beings attain victory time and again.

No-2.

Here the pleasant spring-breeze kissed by the lakes, rivers, mountains, and oceans is all pervasive. Besides, the charming fragrantful dawn arrives here usually through the woodlands well bloomed by the touch of the sun and moon. This world.......

No-3

Vibrating with the tweets of various flocks of birds during their flights, the blue sky attains its immense lustrous self. Also the inhabitation of the united human beings on the surface of the earth is equally beautiful. This world.....

No-4

Here dance, music, songs are associated with the lives of the people that are full of festivities. Again the excellence is achieved here in architecture that includes needle works, fibre works, terracottas, engravings and carvings. This world.....

No-5

This is the well thought over dwelling place of the mankind ever frightened by various (devastating) wars and battles. Celebratory love is stored here in the hearts of the people which are filled with the feelings of compassionate brotherhood. This world....

No-6

In this world the well thought scriptures of the sages are most auspicious, all pervading, and rightful to be cherished by one and all. Their loving weapons of non-violence are wielded in favour of the works devoted to truth. This world....

No-7

Here the virtue of life is the desire for happiness and health (disease free life) for one and all. The human life graced with the culture of universal brotherhood (the world as a family) is considered fortunate and successful. This world....

No-8

Let this world be always protected by the approval agreed upon by the leaders of excellence. Let the surface of consciousness for the service of living beings get the sportive play of prosperity sans uncertainty. This world.......

EPILOGUE

1) India, the fascinating place of union of mankind, is the auspicious and peaceful divine abode on earth. Let all the scriptures developed here for the public well-being purify one and all with all-round prosperity.

2) This song (*Gītabhāratam*), inspired by the goddess of speech, is the promoter of consciousness and delight. Let it continue to bloom radiantly to win over the love of mankind.

Thus ends the *Gītabhāratam* (The Song of India) arranged for the love of singing by mankind .

GĪTABHĀRATAM: AMṚTĀ SANSKRIT COMMENTARY

अमृता व्याख्या

उपन्यासः

१. श्रीकालिदासः ... .तनोतु ।।

अन्वयः- श्रीकालिदासप्रतिभाधिवासा सङ्गीततानैः जयदेववन्द्या वाग् देवता संस्कारदां भारतभां भरन्ती संततं शं तनोतु ।

अमृता- श्रीशः शरणम् । उपन्यासस्तु वाङ्मुखम्-इत्यमरः। अथ तत्रभवान् कविः क्षीरोदचन्द्रः गीतभारतमहाकाव्यं चिकीर्षुः सर्वार्थसिद्धये सर्वविघ्नपरिसमाप्तये च आशीर्नमस्क्रिया-वस्तु-निर्देशो वाऽपि तन्मुखम् इत्याद्यालंकारिकवचनप्रामाण्यात् ग्रन्थारम्भे अभिमतदेवतास्वरूपं कीर्तयन् आशीर्वचनरूपां सर्वासां भाषाणामधिष्ठात्रीं देवीं ब्रह्मस्वरूपिणीं वाग्देवतां वीणापुस्तकधारिणीं सरस्वतीं (ब्राह्मी तु भारतीभाषा गीर्वाग्वाणी सरस्वती-इत्यमरः)

मनसि निधाय स्तौति-श्रीकालिदासप्रतिभाधिवासा इति । श्रीकालिदासमहाकवेः पतिभाम् अधिवसति या सा । सङ्गीततानैर्जयदेववन्द्या-सङ्गीतस्वररागविस्तारादिभिः श्रीगीतगोविन्दमहाकाव्यस्य कवेः जयदेवस्य वन्दनीया देवी, संस्कारदां भारतभां भरन्ती-संस्कारं (सम् + स्कृ + घञ्) विशुद्धतां व्याकरणजन्यां शुद्धिं वा ददाति या सा । तां तादृशीं भारतभां भारतस्य भारतवर्षस्य भां दीप्तिं भरन्ती अनुदिनं परिपूरयन्ती देवी वाग्देवता अस्माकं कवि-पाठक-श्रोतृवृन्दानां शं मङ्गलं संततम् अनारतं तनोतु विस्तारयतु इत्यर्थः।

२. वाणी... .. ..धन्या ।।

अन्वयः- सुतन्त्रीः वाणी शुभगानयुक्ता (स्यात्), सुसिद्धान्तपूर्णः ग्रन्थः स्वतत्रः (भवति); स्वयं शुभ्रा सुरम्या देवी तद्वहनात् अनन्या (सती) स्वररागधन्या (भवति) ।

अमृता- अनन्यां शास्त्रसंगीतवहनशीलां देवीं वर्णयन् आह-वाणी सुतन्त्रीः इति । सुतन्त्रीः वाणी शोभना वीणातन्त्रीयुक्ता वीणारज्जुसंयोजनाद्वा वाणी

वाग्देवी सरस्वती शुभगानयुवता मङ्गलमयगानदायिनी सङ्गीतप्रदायिनी वा स्यात् , सुसिद्धान्तपूर्णः ग्रन्थः स्वतन्त्रः – प्रमाणिततथ्यरूपः ग्रन्थः स्वतन्त्रः स्वकीयवैशिष्ट्ययुक्तः। स्वयं शुभ्रा द्योतमाना सुरम्या उत्तमशोभनशीला देवी तद्वहनात् तयोः वीणापुस्तकयोः वहनात् अनन्या अभिन्ना अनुपमा वा । अतः सा स्वररागधन्या–स्वरः संगीतस्य स्वरः तस्य रागः (रञ्ज् + घञ्) आनन्दः षट्स्वरग्रामो वा । तेषु षड्रू रागेषु धन्या (धन् + यत्) प्रशंसनीया सर्वोत्तमा वाग्देवता ऐश्वर्यशालिनीति अर्थः ।

भैरवः कौशिकश्चैव हिन्दोलो दीपकस्तथा ।
श्रीरागो मेघरागश्च रागाः षड़िति कीर्तिताः ।। (भरतमुनिः)

३. स्थानत्रये... .. .. वसूनाम् ।।

अन्वयः– शक्ता (सा) स्थानत्रयेण अपि (सा) स्वप्रभावसिद्धा (भवति); (पुनः) विद्वद्बलं राजबलं (च) विवर्ध्य स्वयं वाणी वसूनां सङ्गमनी (भवति)।

अमृता– वाग्देवी सर्वशक्तिशालिनीति प्रमाणयितुमाह–स्थानत्रये इति । सा शक्ता समर्था वाक् स्वकीयमहिम्ना स्थानत्रये जलस्थलाकाशभागेषु, स्वर्गमर्त्यपातालेषु, अथवा ऋषिकल्पित भूर्भुवः स्वः–निवासस्थानेषु राजत एव । एवात्र निश्चयात्मकमव्ययपदम् । पुनः कालत्रयेण अतीत–वर्तमान–भविष्यदिति कालत्रयेण अपि सा प्रभावसिद्धा स्वकीयमहिम–प्रमाण–प्रख्याता । विद्वद्बलं राजबलं विवर्ध्य–अथ विद्वद्बलं विदुषां पाण्डित्यप्रकर्षं राजनलं सर्वेषु महत्सु शोभमानं बलं सर्वोपरि शोभमानं बलं वा विवर्ध्य वर्धयित्वा स्वयं वाणी वाग्देवी वसूनां धनानामैश्वर्याणां वा संगमनी संगमयित्री उपासकानां प्रापयित्री भवति । अहं राष्ट्री संगमनी वसूनाम् । यं कामये तं तमुग्रं कृणोमि तं ब्राह्मणं तमृषिं तं सुमेधाम् इति वेदवचनात् (ऋग्वेदः,१०.१२५.३–५) ।

४. अनिन्दितायाः . . . . .विशुद्धा ।।

अन्वयः– अनिन्दितायाः कविताङ्गनायाः सुवर्णपुष्पप्रकरैः प्रसिद्धा वाणी दिव्यार्थशोभाभरणा (अतः) विशुद्धा (सती) कविकाननेषु आभाति ।

अमृता– वाणी ऐहिकामुष्किार्थसुषमावाहिनीति आह–अनिन्दितायाः इति । अनिन्दितायाः इति सर्वत्र शोभमानायाः प्रशंसितायाः, पुनः सुवर्णपुष्पप्रकरैः

प्रसिद्धा–सुशोभनः वर्णः अक्षरं तदेव पुष्पं तेषां प्रकरैः समूहैः प्रसिद्धा विश्रुता वाणी दिव्यार्थशोभाभरणा विशुद्धा– दिव्यार्थशोभानाम् आभरणानि यस्याः सा, अथ विशुद्धा अतिपावना विशेषपावनशीला सती कविकाननेषु कवीनां काननानि काव्यजातानि तेषु काव्यकुञ्जेषु वा आभाति समन्तात् शोभते इत्यर्थः । वाणी काव्यस्वरूपिणी वाग्देवता । तस्याः पवित्रकवितावाहिन्यां ऐहिकामुष्मिक–विषयरूप–प्रवाहाः मिलित्वा ऐक्येन अमृतलहरीरूपेण प्रवहन्तीति अर्थभानम् ।

५. नवीनशब्दा. . . . . प्रसूते ।।

अन्वयः– नवीनशब्दाकलनान्नताङ्गी समस्तभावप्रसरप्रसूना वाणी वसन्ते लतिकाङ्गनेव कालान्तरेणाऽपि नवं प्रसूते ।

अमृता– प्रतिक्षणं वाग्देवतायाः नवतामुपस्थापयितुमाह–नवीनशब्द इति । नवीनशब्दाकलनान्नताङ्गी– नवीनशब्दानाम् आकलनात् (आ + कल् + ल्युट्) धारणात् नताङ्गी ईषत् तनुभारनम्रा शोभना (देवी), समस्तभाव–प्रसर–प्रसूना– सर्वभावनां प्रसरैः निर्वाधगतिभिः (प्र + सृ + अप्) प्रसूना प्रस्फुटिता विभूषिता वाणी वसन्ते वसन्तकाले तद्वद् शोभमाना लतिङ्गना इव कालान्तरेण अपि अन्यस्मिन् कालेऽपि बहुकालादनन्तरं वा नवतां प्रसूते नवीनतां नवीनार्थजातं भावजातं च जनयतीति अर्थः । यथा वसन्तकाले लतिका नवीन सुन्दर–पत्रपुष्पजातं जनयति कालान्तरे तथा च वाणी नवीनभावं नवीनानन्दानुभवं च प्रयच्छति ।

६. पूर्वानुभूतौ. . . . . नवबाणगर्भा ।।

अन्वयः– पूर्वानुभूतौ परिलिप्तशोभा, अधुना नवीनभावेषु विदग्धा, नवबाणगर्भा, पुरस्तात् तमसः विनाशयित्री वाणी आभाति ।

अमृता– अज्ञानान्धतमसः विजेत्री वाणी इत्याह– पूर्वानुभूताविति ।

पूर्वानुभूतौ परिलिप्तशोभा– अतीतज्ञानानुभवैः परिलिप्ता (परि + लिप् + क्त + टाप्) समन्तात् संयुता शोभा यस्याः सा, अधुना नवीनभावेषु प्रवहमाननूतनज्ञानधारासु विद्गधा सुनिपुणा नवीनानुभूतिसम्पन्ना इत्यर्थः, (अथ) नवबाणगर्भा–नवीनः बाणः तीरः बाणस्य लक्ष्यस्थलं वा गर्भे यस्याः

सा (वाणी–शब्दे वाणस्य अन्तर्धानं लक्ष्यते)। (अतः) ईदृशी वाणी पुरस्तात् सम्मुखस्थितस्य अन्धकारस्य विनाशयित्री भूत्वा आभाति समन्तात् शोभते । यथा बाणः शत्रुं विनाशयति तथा वाणी वाग्देवता सम्मुखस्थितमागतं वा अज्ञानान्धकारं विनाशयति ।

७. छाया . . . . .वहन्ती ।।

अन्वयः– छायाप्रकाशाङ्कितचारुमध्या सत्यमिथ्यान्तरभावलीना या वाणी वधूटी इव निधानगर्भा कवितां वहन्ती प्रकाशते किम् ?

अमृता– काव्यकलाप्रसङ्गे कविरत्र वाणीं विशिनष्टि–छायाप्रकाशाङ्कितेति। छायाप्रकाशाङ्कितचारुमध्या–छाया च प्रकाशश्च छायाप्रकाशौ । ताभ्याम् अङ्कितः चारुमध्यः शोभनमध्यभागः यस्याः सा काव्यवाणी इत्यर्थः । छायासु अस्पष्टता, प्रकाशेषु स्पष्टता, परन्तु उभयस्य उपस्थितौ अङ्कितः चिह्नितः अर्थस्य स्पष्टास्पष्टभावः । स एव चारुमध्यः यस्याः सा । यथा क्षीणकटी नायिका शोभमाना राजते तथा स्पष्टास्पष्टभावमध्या वाणी इति । या सत्यमिथ्यान्तरभावलीना–सत्यं च मिथ्या च सत्यमिथ्या । तयोः अन्तरभावेषु मध्यभागेषु लीना अन्तर्हिता निमज्जिता वा । कविता–कथा न सत्यं न वा मिथ्या प्रकटयति । एतयोः मध्यवर्तिनि स्थाने स्थिता कविता भावमुदयति इत्यर्थः । हिरण्मयेन पात्रेण सत्यस्य पिहितं मुखम् – इति वेदवचनात् । एतादृशी या वाणी वधूटी इव कुलवधू इव निधानगर्भा (निधानं निधिः गर्भे यस्याः सा; (नि + धा + ल्युट्) सती कवितां वहन्ती धारयन्ती प्रकाशते किम् ?– इति कवेरुत्प्रेक्षा–वचनम् ।

८. विलासचेष्टा . . . . भजस्व ।।

अन्वयः– यदि कल्पनायां विलासचेष्टा (स्यात्), मनसः प्रभायाः ऐन्द्रं धनुः चेत् (स्यात्), निजभावभूमिं वा (त्वं) समीहसे, तदा (हे) सखे! वाग्देवतां भजस्व ।

अमृता– नान्दी–वर्णनायाः मङ्गलाचरणस्य वा अन्तिमे पादे वाग्देवता–भजन–प्रयोजनमुपस्थापयति कविः–विलासचेष्टा इति । यदि कल्पनायां स्वकीयभावनायां विलासचेष्टा मनोरञ्जनप्रयत्नः क्रीड़ाकौतुकलाभप्रयासो

वा स्यात्,मनसः प्रभायाः मनःप्रकाशस्य मनसः दीप्तेः वा ऐन्द्रं धनुः (इन्द्र+अण् ऐन्द्रः) चेत् (स्यात्), वा (अथवा) यदि (त्वं) निजभावभूमिं (भू+भावे घञ्) स्वकीयास्तित्वस्य जननभूमिं स्वकीय जन्मभूमि-भारतवर्षं समीहसे जिज्ञासते (यथा कविकल्पितं तथा जिज्ञासते) तदा हे सखे! (इति अनुनयानुरागसम्बोधनपदम्) वाग्देवतां भारतवर्षस्य वाङ्मयस्थां दिव्यचेतनाप्रभाभरां देवीं भजस्व अनुदिनं सुखलाभाय दिव्यभावानुभवलाभाय च सेवस्व । इति उपन्यासः ।

प्रथमः सर्गः
भारतगानम्

श्रीशः शरणम् । गीतेषु भारतं यस्मिन् काव्ये तत् गीतभारतम्। स्वदेशानुरागि-सङ्गीतमयकाव्यमित्यर्थः । तत्र भारतगानं प्रथमं सङ्गीतमष्टा-वयवगानयुक्तमष्टकमिति ।

(१) सर्वेषां नो .... भावनिधानम् ।।

सर्वेषां नः अस्माकं स्वर्णिभ-पावन-भारतधाम स्वर्निभं स्वर्गसदृशं पावनं पवित्रं भारतधाम तन्नामधेयं निवासस्थानं सुशोभम् अत्यन्तं मनोरममस्ति । तत् आर्चिकं वेदपरिपूतं (ऋक्, साम) पुनः आर्जवभावनिधानं सरलोदारनिष्कपटभावस्य अस्तित्वस्य सङ्कल्पस्य भावनायाः वा निधानं कोषागारं भाण्डागारं वा । पुनरात्मनः उदात्तभाव-पुरःसरमाह कविः- अयि एवंविधं पवित्रं धाम ! (त्वं) चिरं जय जय जय । स्थानत्रये कालत्रये च विजयं लभस्व इति एतदाम्रेडितं द्योतयति । स्वर् (अव्ययपदम्) - स्वर्गः । 'स्वरव्ययं स्वर्गनाकत्रिदव-त्रिदशालयाः' इत्यमरः । निभः - सदृशः । 'निभसंकाशनीकाश प्रतिकाशोपमादयः' इत्यमरः । धाम - धा+मनिन् । 'गृहदेहत्विट्प्रभावा धामान्यथ चतुष्पथे' इत्यमरः । आर्जव - ऋजु + अण् । आर्चिक- ऋच् +ठञ् ।

(२) अब्धेरुत्तरमाहिम.......... परिकयात्रम् ।।

अब्धेः उत्तरम् - भारतमहासागरस्य उत्तरभागे स्थितम् आहिमगिरिं हिमगिरिं यावत् 'आङ्मर्यादाभिविध्योः' इति विस्तृतः व्याप्तः देशविशेषः यस्मिन् धाम्नि

तद् भारतधाम इत्यर्थः । पुनः विन्ध्य–महेन्द्र–मलयगिरि–सह्यक–सुक्तिक–पारियात्राः इति कुलाचलाः यस्मिन् धाम्नि तद्भारतं धाम । अथ ध्रुवपदद्वयेन अन्वयः। अतःपरं प्रत्येकस्य श्लोकस्य गीतपङ्क्तिद्वयस्य वा ध्रुवपदद्वयेन अन्वयः बोध्यः ।

(३) सिन्धुसरस्वति....... काननकुञ्जम् ।।

हे सिन्धुसरस्वति ! हे सिन्धुनदि ! अत्र सरस्वतीति पदं नदी सामान्यवाचकम् । अथ च सिन्धु इति पदं नदीसामान्यस्य वाचकम्। अतः सिन्धुसरस्वतीपदं नदीं सरस्वतीमपि सूचयति । पुनः हे यमुने! हे गङ्गे ! हे रेवे (नर्मदे) भवतीभिरभिषिक्तं तत्पावनं धाम इत्यर्थः । हे गोदावरि ! हे कावेरि ! इह वां युवां घनकाननकुञ्जमुपगतमिति तद्भारतं धाम इत्यर्थः ।

(४) स्वर्णिभ............. सङ्गततानम् ।।

हृदि मानवानां हृदये स्वर्णिभमादृतं स्वर्गसदृशं यथा स्यात्तथा सम्मानितं भुवनम् अस्माकं भूलोकधाम मानद–मानव–नीडं मानप्रदायकं मानवानां निवासस्थानम् । (पुनः) श्रुतिमधुरः....... तानम् । श्रुतिमधुरध्वनिकाकलिसम्मतः श्रवणमधुर–सङ्गीतमय–पक्षिस्वनसदृशः नव नव सङ्गततानः मानवानामभिनवस्वरराग: (तन्यते अनेन इति तानः) यस्मिन् धाम्नि तत् भारतधाम इत्यर्थः ।

(५) वीरनिकेतन....... एव तु दानम् ।।

वीराणां निकेतनस्य भारतवर्षस्य केतने जातीयपताकायां अविरतं यथा स्यात् तथा वर्धितः मानः यस्मिन् धाम्नि तत् । स्वर्ग–जिगीषुभिः स्वर्गगमनेच्छुभिः इह अस्मिन् देशे शुभकर्मसु माङ्गलिक–कार्येषु एव तु दानं दीयते इति तद्भारतधाम । एव – निश्चयात्मक–मव्ययम्। तु – श्रेष्ठगुणसूचकमथवा बलात्मकमव्ययम् ।

(६) ज्ञानविवर्धक .... संस्तुतलोकम् ।।

ज्ञानविवर्धक–सुन्दर–मन्दिर–तक्षशिलाभिधेयेन विश्वविद्यालयेन परिपूतं भारतं धाम इत्यर्थः । पुनः नालन्दानामधेयस्य विश्वविद्यालयस्य श्रुतचेतनया प्रसिद्धज्ञानदानेन परिशीलितः अविरतसम्बन्धान्वितः संस्तुतः प्रशंसितः लोकः यस्मिन् धाम्नि तद् भारतधाम इत्यर्थः । 'लोकस्तु भुवने जने' इत्यमरः ।

(७) सैन्धववैदिक.......... सरोवरशुद्धम् ।।

सैन्धवानां सिन्धुनदीसमीपदेशोद्भावानां वैदिकानां वेदविहित-कर्मनिपुणानां जैनानां जैनधर्मसिद्धान्तानुयायिनां सुबौद्धिकानाम् उत्तमबुद्धागमसिद्धान्ततत्पराणां च यत् वर्धितं दर्शनं विस्तृतमाध्यात्मिकं धार्मिकं वा ज्ञानं सिद्धं सम्पन्नं समुपलब्धं यस्मिन् धाम्नि तद् भारतधाम इत्यर्थः ।

ऋषयः मन्त्रद्रष्टारः । मुनयः सत्यवचसः । ऋषिमुनीनां मानसहंसैः निर्मलशुभ्रहृदयहंसैः विराजितः सुशोभितः शास्त्रसरोवरः (शास्त्रमेव सरोवरः) शुद्धः पवित्रः यस्मिन् धाम्नि तद् भारतधाम इत्यर्थः । सैन्धव- सिन्धु +अण् । बौद्धिक- बुद्ध+ठक् । वैदिक- वेद+ठक् । जैन- जिन+अण् ।

(८) लोध्रककेसर .... सौरभदेशम् ।।

लोध्रक-केसर-कुन्द-कमल-नवनीप-शिरीष-पुष्पाणां सुवेशः शोभनवेशः यस्मिन् धाम्नि तद् भारतधाम इत्यर्थः । कुरुवक- चम्पकपुष्पाणां रागैः वर्णैः विभासितः सुशोभितः पुलकितः रोमाञ्चितः सौरभः (सुरभि+अण्) सुगन्धितः देशः यस्मिन् तद् भारतधाम इत्यर्थः। शिरीष-नीप-कमल-कुन्द-लोध्र-कुरुवकपुष्पाणि यथाक्रमं ग्रीष्म-वर्षा-शरद्धेमन्त-शीत-वसन्तर्तुशोभाविधायक ानि । केसरपुष्पं तु शीतारम्भे काश्मीरप्रदेशशोभावनविस्तारकम् । विविधानि चम्पकपुष्पाणि समग्रेऽस्मिन् भारतवर्षे बहुधा बहुत्र शोभन्ते । अतः ऋतुषट्कस्य अनुभवः भारतवर्षे जायत इति संसूचयति कविः ।

द्वितीयः सर्गः

अरुणाचलधामगानम्

अरुणाचलः भारतस्य प्रदेशविशेषः । तन्नामधेयस्य धाम्नः निवासस्थानस्य गानमित्यर्थः ।

(१) देवानां भूभारत.......... भावनिधानम् ।।

भूश्चासौ भारतं भूभारतम् । देवानां भूभारतम् अतिशोभम् अतिमनोरमम् अरुणभुवनं सूर्यदेवस्य निवासस्थानम् उदयस्थानं वा उपगतं प्राप्तमस्ति ।

भारतस्य भावस्य अस्तित्वस्य (भू+भावे घञ्) शोभनचिन्तनस्य वा निधानं भाण्डागारं कोषागारं तु (निश्चयात्मक-मव्ययपदम्) तत् अरुणाचलधाम तन्नामधेयं निवासस्थानमस्ति । अयि धाम ! (त्वं) चिरं जय जय । सर्वत्र सर्वदा विजयं लभस्व इत्यर्थः। 'स्युरेवं तु पुनर्वै वेत्यवधारणवाचकाः' इत्यमरः ।

(२) कांटोगिरि............ कृतसालम् ।।

कांटोगिरि - कांसंगिरि - तक्पशिरिगिरि - सुगोरिकचेन्गिरि- राजयः तत्रस्थाः पर्वतराजिविशेषाः । एतन्नामधेयैः गिरिभिः गौरं शुभ्रं यत् धाम तत् । नंचमदिन् शिखरादिभिरुन्नतं (पुनः) विस्तृतमिव कृतः सालः प्राचीरः यस्मिन् धाम्नि तत् अरुणाचलधाम इत्यर्थः ।

(३) सीयां........... समुदितसारम् ।।

इह सीयां - कामें - लोहित - सुवनशिरिभिः तन्नामधेयाभिः नदीभिः विकसितं तीरं यस्मिन् धाम्नि तद्धाम इत्यर्थः । (पुनः) नोआद्हिंनदीजलस्य रम्यस्य शोभनस्य दिवंनदीजलस्य च सेचनेन जलधाराप्लावनेन समुदितः विकसितः सारः यस्मिन् धाम्नि तत् अथवा सेचनेन समुदितः सारः काननादयो यस्मिन् धाम्नि तत् ।

(४) उषसि........ चलननिनादम् ।

उषसि प्रभाते विभावसोः सूर्यस्य हेमकरैः सुवर्णमयकिरणैः अरुणगिरेः अरुणाचलस्य उदयगिरेः वा खगानां पक्षिनां सङ्गततानः समूहसङ्गीतमयस्वरः यस्मिन् धाम्नि तत् । वृक्षगस्य वृक्षगतस्य सस्वनगिव्वनयुगलस्य स्वकीयस्वरेण सह तन्नामधेयवृक्षारोहिपशु-युगलस्य कलायनात् कलया इतस्ततः भ्रमणात् चलननिनादः यस्मिन् धाम्नि तत् ।

(५) नीलगगनतल.... विहारम् ।।

नीलगगनतल - शाद्बलकुथनिभ नीलाकाशस्य अधः शस्य-श्यामलास्तरणसदृशः सान्द्रवनतिमिरघोरं निविडकाननां तिमिरः घोरः भयङ्करः यस्मिन् धाम्नि तत् । क्रमनतशैलकटकतलं क्रमशः निम्नीभूत-पर्वतमध्यभागानां

तलम् आश्रितहिंस्रकजन्तुविहारम् आश्रितानां हिंस्रकजन्तूनां विहारः भ्रमणं यस्मिन् धाम्नि तत् ।

(६) हरितकपोत....... कलितसुरागम् ।।

हरितकपोत – मयूर – शतच्छद – पेचक – तनुकशुकानां पक्षिविशेषाणाम् आभा दीप्तिः यस्मिन् धाम्नि तत् । सारस – काञ्चन–चातक–निनटिक–कोकिलादिपक्षिविशेषाणां कलितसुरागः गृहीतगायनानन्दः यस्मिन् धाम्नि तत् ।

(७) आर्कडपुष्प........ सरससमीरम् ।।

आर्कडपुष्पैः बहुविधार्कडकुसुमैः विभासितं सुशोभितं मण्डलम् इह कुसुमविहारं कुसुमानां निवासस्थानं कृतं सम्पादितम् । होलं–कान्तल–अप्रिकट–द्रुमविशेषाणां कम्पनेन सरसः समीरः यस्मिन् धाम्नि तत् ।

(८) शैवग .... भारतमानम् ।।

शैवग–बौद्धग–विविधसुसंस्कृतिसार–समाश्रितगानम् – शैवगानां शैवदर्शनानुगामिनां बौद्धगानां बौद्धदर्शनानुगामिनां विविध–सुसंस्कृतीनां च सारैः समाश्रितं समादृतं गानं यस्मिन् धाम्नि तत् । नृत्यकला–श्रुतकारुकलाकृति–वर्धितभारतमानम् – नृत्यकलादिभिः श्रुताभिः प्रख्याताभिः कारुकलाकृतिभिः च वर्धितः भारतस्य मानः सम्मानः यस्मिन् धाम्नि तत् ।

तृतीयः सर्गः
आण्डामान-निकोवरधामगानम्

---

(१) आण्डामान.............. भावविधानम् ।।

आण्डामान–निकोवरधाम तन्नामधेय–भारतीय–निवासस्थानं सुशोभनमानवतीर्थं सुशोभनमतिरमणीयं तत् मानवानां तीर्थं पावनस्थान–मस्ति । तदुन्नतधाम तदुन्नतपदाधिरूढं धाम तु (निश्चयात्मकमव्ययम्) भारतभावविधानं भारतस्य भारतवर्षस्य भावस्य (भू+भावे घञ्) अस्तित्वस्य सङ्कल्पस्य भावनायाः वा निधानं कोषागारमस्ति । अयि धाम ! (त्वं) चिरं जय जय सर्वदा सर्वत्र विजयं लभस्व इति अर्थः ।

(२) शैदल-थुलियर............निर्भरनाभम् ।।

शैदल-थुलियर-देवन-चोलुं नार्कंदमगिरिणां शृङ्गाणि यस्मिन् तद्धाम इत्यर्थः । (पुनः) द्यावल-वारेन्-ओल्धम-हार्रियत-नामधेयैः गिरिभः विहितः निर्भरनाभिः केन्द्रभागः यस्य धाम्नः तत् ।

(३) स्रोतसि........ निरतविलासम् ।।

स्रोतसि धाराप्रवाहे कलभर-कल्पोङ्गतटज-मञ्जुल-हरित-विकासम् - कलभरेण अस्फुटमधुरध्वनिपरिपूर्णेन कल्पोङ्गनदीतटजातैः मञ्जुल-हरित-विकासः शोभन-श्यामल-विकासः यस्मिन् धाम्नि तत्। मितकर-कोरं-रंगत-पेमनद-नामधेयाभिः नदीभिः जनितः जातः निरतविलासः अविरतप्रसन्नभावः यस्मिन् धाम्नि तत् ।

(४) वीरुदधिवसित..............विभासम् ।।

वीरुदधिवसित-वृक्षवनावलि - नवबहुपत्रकवासम् - वीरुद्भिः प्रतानिनीभिः अधिवसितैः वृक्षवनावलिभिः तरुकाननसमूहैः सह नवानां नवीनानां बहुपत्रकाणां क्रोष्टुपुच्छिकानां वासः निवासस्थानं यस्मिन् तद् धाम इत्यर्थः । नीलगगनतलपात ुककानन-चिरहरितवनविभासम्- नीलगगनतले नीलाकाशस्याधोभागे भूमौ वा पातुककाननैः पर्णपाति-वनभागैः सह चिरहरितवनानां नित्यश्यामलकाननानां विभासः विशेष-प्रकाशः यस्मिन् धाम्नि तत् ।

(५) कुञ्जर .... वनघोरम् ।।

कुञ्जर-हिंगुल-चित्रल-सम्बर-कासराः भवन्ति तत्तन्नामधेयाः तृणभोजिनः पशवः । तैः कलितः स्वीकृतः विहारः स्वच्छन्दभ्रमणं यस्मिन् धाम्नि तत् । चित्रक-भल्लुक-शूकर-वन्यशुनकाः मांसादिनः श्वापदाः । कपयः वृक्षनिवासिनः । तैः श्वापादादिभिः जितं विजितं स्वेच्छया निवसितं वनं घोरं भयङ्करं यस्मिन् धाम्नि तत् ।

(६) हरितकपोत............. खगयानम् ।

हरितकपोत-मयूर-निकोवरपारावताः पक्षिविशेषाः । तेषां कलतानः अस्फुटमधुर-स्वररागविशेषः यस्मिन् धाम्नि तत् । (पुनः) श्येन-तनुकशुक-

कदम्ब–चटक–मेगापड–खगाः पक्षिविशेषाः । तेषां यानं (या+ल्युट्) गमनं विहायसि भ्रमणं यस्मिन् धाम्नि तत् ।

(७) क्रेपमइल.........विभातम् ।

क्रेपमइल–कुसुमैः आर्कडपुष्पैश्च विभूषितः अलंकृतः रम्यनिवासः रमणीयवासस्थानं यस्मिन् धाम्नि तत् । नोनिफलैः पचेलिम रामफलैः (पच्+केलिमर्), ईषत्पक्वरामफलैः कदलिकाफलविशेषैश्च सुरभिभरं सुरभिपूरितं विभातं प्रभातं यस्मिन् धाम्नि तत् ।

(८) शंखक .... निकोवरि-गानम् ।

शंखक – शुक्तिपुटाश्रित–कारुकलोदित–तक्षणभानम्–शंखकः – शंख + कन् (स्वार्थे) । शंखशुक्तिकानां पुटं कोशमाश्रिताभिः कारुकलाभिः निर्माणकलाभिः उदितं तक्षणभानं खोदनकर्मणां प्रत्यक्षज्ञानं यस्मिन् धाम्नि तत् । भानम् – भा+ल्युट् (भावे) । तक्षणम्– तक्ष+ल्युट् (भावे) । उत्सवमय–जनजीवन–शोभननृत्य–निकोवरि–गानम् – उत्सवमये उत्सवपरिपूर्णे जनानां जीवने शोभनं नृत्यनिकोवरिगानं यस्मिन् धाम्नि तत् । नृत्यं च तत् निकोवरि तत्र गानमित्यर्थः ।

चतुर्थः सर्गः

आसामधामगानम्

---

(१) आसामांशु................. भावविधानम् ।।

आसामांशुभ्राजितभारतम्– आसामस्य भारतीयप्रदेशविशेषस्य अंशुभिः दिव्यतेजोभिर्भ्राजितं (भ्राज्+क्त) देदीप्यमानं भारतं भारतवर्षं उपगतदैवतशोभमस्ति । उपगता प्राप्ता दैवतशोभा दिव्यशोभा यस्मै तत् भारतमित्यर्थः । उपगता– उप+गम्+क्त+टाप् । तदुन्नतधाम तदुन्नतपदाधिरूढं धाम तु (निश्चयात्मकमव्ययपदम्) भारतभावनिधान–मस्ति– भारतस्य भावस्य अस्तित्वस्य सङ्कल्पस्य भावनायाः वा निधानं कोषागारमस्ति । अयि पावनं धाम ! (त्वं) चिरं जय जय । विजयं लभस्व इति अर्थः ।

(२) तुङ्गशिखरि............ शुभाङ्गम् ।।

तुङ्गशिखरि – परिरम्भित– सुन्दरकाननलम्भितलोभम्– तुङ्गशिखरिभिः उत्तुङ्गपर्वतराजिभिः परिरम्भितेषु आलिङ्गितेषु आश्लिष्टेषु सुन्दरकाननेषु समुदितवनभागेषु लम्भितः प्राप्तः लोभः यस्मिन्, तदुन्नतधाम इत्यर्थः । ब्रह्मपुत–सुवनशिरि–धनशिरिजल–शीलित–हरित–शुभाङ्गम् – ब्रह्मपुत्र–सुवनशिरि धनशिरि नामधेयाः नदीविशेषाः। तासां नदीनां जलैः शीलितेन अवधारितेन पार्श्वगतेन (शील–उपाधारेण धातोः) हरितानि (हृ+इतच्) हरिद्वर्णविभवपूर्णानि शुभानि च अङ्गानि यस्य तत् धाम इत्यर्थः । ब्रह्मपुत्रस्थाने 'ब्रह्मपुत'प्रयोगः छन्दोरागानु–रोधात् । ब्रह्मपुत इति भाषायाम् ।

(३) होलं गुर्जन.......... जनितसुहासम् ।।

होलं–गुर्जन–पिपूल–निम्ब–रसाल–खदिरक–वृक्षाणां निवासः वासस्थानं यस्मिन् धाम्नि तद् धाम इत्यर्थः । प्रवदर–ताल–पनस–वट–खर्जुराः वृक्षविशेषाः । तेषां फलभरेण फलपरिपूरितेन जनितः सुहासः शोभनहर्षः यस्मिन् धाम्नि तत् ।

(४) खेलनमाश्रित............निरासम् ।।

खेलनं खेलां क्रीडाम् आश्रितानां गिब्बनानां गण्डकानां कासराणां (वनमहिषानां) चित्रकानां शार्दूलानां च रासः (रास्+घञ्) कोलाहलः यस्मिन् धाम्नि तत् । व्याघ्रजगर्जनेन व्याघ्रेभ्यः जातगर्जनेन कम्पितानां गज–मृग–तनुकवराहाणां निरासः (शः) यस्मिन् वनधाम्नि तत् । निर्गतः आसः (आस्+घञ्) आसनं भयात् स्थानच्युतिः वा यस्मिन् वनधाम्नि तत् । अथवा निराशः (अश्+घञ्= अशः) निर्गतः भयात् परित्यक्तः अशः भोजनं यस्मिन् वनधाम्नि तत् ।

(५) सारसहंस...............विभासम् ।।

सारस–हंस–करण्डव–तित्तिर–कोकिलपक्षिविशेषाणां कलनविलासः कलनादानन्दः यस्मिन् धाम्नि तत् । चञ्चुकि–वर्तक–काकादिनामधेयस्य विहगशतस्य दुर्लभरङ्गविभासः दुर्लभवर्णानां विशेषः भासः दीप्तिः यस्मिन् धाम्नि तत् ।

(६) कैरवपाटल...........सुहासम् ।

कैरव–पाटल–रक्तजवासुम–कपुफुल–हल्लकनामधेयानां पुष्पाणां वासः सुगन्धः अथवा वासः (वास्+घञ्) निवासः आवासः यस्मिन् धाम्नि तत् । पारिकजात–महोत्पल–मालति–मातुल–नामधेयानां प्रस्फुटितकुसुमानां सुरभिसुहासः मधुरगन्धयुक्तशोभनहासः यस्मिन् धाम्नि तत् धाम इत्यर्थः । सुरभि– सु+रभ्+इन् । पारिकजातम्– पारिजातं पुष्पम् । छन्दोनुरोधात् 'कन्' प्रयोगः । सौगन्धिकं तु कह्लारं हल्लकं रक्तसंध्यकम् । स्यादुत्पलं कुवलयमथ नीलाम्बुजन्म च । 'इन्दीवरं च नीलेऽस्मिन् सिते कुमुदकैरवे' इत्यमरः । सौगन्धिकम्, कह्लारम्, इति नामद्वयं सन्ध्याविकासिनः शुक्लसरोजस्य । हल्लकम्, रक्तसंध्यम् इति नामद्वयं रक्तकह्लारस्य । महोत्पलम् – पद्मम् । 'वा पुंसि पद्मं नलिनमरविन्दं महोत्पलम्' इत्यमरः । मातुलम्– मातुलपुष्पम्, धत्तुरपुष्पम् । उन्मत्तो कितवो धूर्तो धत्तुरः कनकाह्वयः । 'मातुलो मदनश्चास्य फले मातुलपुत्रकः' इत्यमरः ।

(७) कोमल-कौशिक........... भारतभासम् ।

कोमलं मृदु कौशिकवासं कोशोद्भववस्त्रं कीटसूत्रवस्त्रं दुकूलं वा । तेषां वपनकृतिभिः सह सौचिकचारुविलासः सूचीभिः विनिर्मितानां चारु (कलाकृतीनां) विलासः यस्मिन् धाम्नि तत् । मार्तिकविस्मय–कारुकलादिषु मृत्तिकानिर्मितासु चकितचकितभावसृष्टिकारिशिल्प–कलादिषु दर्शितः प्रकटितः भारतस्य भासः दीप्तिः यस्मिन् धाम्नि तत् । विस्मयः = वि+स्मि+अच् । प्रतिहारः = प्रति+हृ+घञ्।

(८) उत्सवशोभित......... संस्कृतिसारम् ।

उत्सवशोभितलोककलाबिहुनृत्यकलाप्रतिहारम्– उत्सवेषु शोभिताभिः लोककलाभिः सह बिहु–नामधेया नृत्यकला प्रतिहारे द्वारदेशे द्वारभूमौ वा यस्य तदुन्नतधाम इत्यर्थः । बहुविधमानववर्ग–समादृत–विकसित–संस्कृतिसारम्– बहुविधैः मानवानां वर्गैः समादृतायाः विकसितायाः संस्कृतेः सारः सर्वोत्तमभागः यस्मिन् धम्नि तदुन्नतधाम इत्यर्थः । सारः– सृ+घञ् अथवा सार् +अच् ।

पञ्चमः सर्गः
उत्कलधामगानम्

(१) देवानां भूभारत.............. भावनिधानम् ।

देवानां देवतानां भूभारतं भूश्चासौ भारतं तं (तस्य) उपवनशोभं भारतवर्षस्य उपवनमिव रमणीयम् उत्कलं तन्नामध्येयं राज्यं विशेषनिवासस्थानं वा उपगतमस्ति प्राप्तमस्ति । 'आरामः स्यादुपवनं कृत्रिमं वनमेव यत्' इत्यमरः । भारतभावनिधानं भारतवर्षस्य भावस्य अस्तित्वस्य शोभनचिन्तनस्य दिव्यभावनायाः वा निधानं कोषागारं तु (निश्चयात्मकमव्ययं) उत्कलधाम (अयि त्वंम् !) चिरं यथा स्यात् तथा जय जय जय । स्थानत्रये कालत्रये च विजयं लभस्व इति अर्थः।

(२) हिमगिरिः ....मञ्जुलदानम् ।

उपगङ्गं गङ्गायाः समीपं हिमगिरितलगतमानवमाश्रितसंस्कृति-प्रभं हिमालयपाददेशान्तर्गतानां पाददेशसम्मिलितानां वा मानवानाम् आश्रितायाः संस्कृतेः प्रभं सञ्जातं तदुत्कलधाम इत्यर्थः । व्यासेन महर्षिणा विनोदितानां कविकुलैः कल्पितानां व्यवस्थितानां मुनिवराणां मुनिश्रेष्ठानां (मुनयः सत्यवचसः) सत्यवादिनां मञ्जुलं मनोरमं दानं समर्पणमुपहारो वा यत् तत् उत्कलधाम इत्यर्थः ।

(३) गिरिझर............ काननभागम् ।

गिरिझरझंकृतेन गिरिनिर्झराणां कलकलनादेन मधुकरगुञ्जनेन मधुकराणां भ्रमराणां गुञ्जनध्वनिना सह च गुम्फितः अनुक्रमं संरचितः कोकिलानां रागः मधुरस्वरः यस्मिन् धाम्नि तत् । (पुनः) नवजलसेचनेन कम्पितैरान्दोलितैः तरुवरैः वृक्षविशेषैः पुलकितः रोमाञ्चितः काननभागः काननखण्डं वा यस्मिन् धाम्नि तत् ।

(४) मुनिजन .... केसरिरासम् ।

मुनिजनवाञ्छिताभिः मुनिजनैराकांक्षिताभिः कुञ्जवनावलिभिः लतादिपिहितोदरवनराजिभिः च शान्तविमोहनवेशः (विश् + घञ्)

शान्तमनोहरपरिधानम् आवासस्थलं वा यस्य धाम्नः तत् । (पुनः) उन्मदः उद्गतो मदः (मद् +अच्) लालसापूर्णोत्कण्ठया गाढाभिलाषः। उन्मदा च सा काकलिः (पक्षिणां कलरवः) ताभिः मिश्रितैः कलकलैः निर्झरप्रभृतीनां मधुरास्फुटध्वनिभिः सह कुञ्जरकेसरिणां गजसिंहानां रासः तीव्रगर्जनं यस्मिन् धाम्नि तत् ।

(५) उषसि............. चम्पकवासम् ।

उषसि प्रभातकाले विमोचितस्य (वि+मुच्+णिच्+क्त) मन्दिरचुम्बितस्य मन्दिराणां देवालयानां निवासस्थानानां वा उपरिभागमाश्रितस्य दीप्तविभाकरस्य तेजोमयप्रभाकरस्य उदीयमानस्य सूर्यदेवस्य वा भासः (भास् +भावे घञ्) प्रकाशः औज्जल्यं यस्मिन् धाम्नि तत् । (पुनः) सुरजननन्दितानां देवता-मानव-प्रशंसितानां कनकचषकनिभानां सुवर्णपेयपात्रसदृशानां मुकुलितानां पुष्पायमानानां चम्पकानां तन्नामधेयमनोरमसुरभिपुष्पाणां वासः सुगन्धिः निवासस्थानं वा यस्मिन् तत् ।

(६) ताल-तमाल.............मधिगतहर्षम् ।

ताल-तमाल-रसाल-पनसाः वृक्षविशेषाः । तेषां दलानां पत्राणां कम्पनं (कम्प् +युच्) लंघितः अतिक्रान्तः वातः पवनः यस्मिन् धाम्नि तत् । (पुनः) ऊर्मिभिः अञ्चितं शोभितं मृदुमधुराहतं कोमल-मधुरपीडामुपनतं जलनिधिं सागरम् अधिगतः हर्षः (हृष्+घञ्) सन्तोषः यस्मिन् धाम्नि तत् । अञ्चु (अञ्च्)गतिपूजनयोः, अञ्चुविशेषणे।

(७) वैतरणि........... प्रतितोरम् ।

अयि वैतरणि ! महानदि ! शावरि ! (शावरि+स्वार्थे कन् +टाप् - शावरिका) सुवर्णरखे ! (स्वर्णरखे इति छन्दोऽनुरोधात्) ऋषि (ऋषिकूल्ये ! नाम्नः पूर्वार्धग्रहणमेव 'नामग्रहणे नामैकदेशग्रहणं यथा देवदत्तो दत्तः' पुष्टं, भवतीभिः उत्कलधाम पुष्टं परिपुष्टं विकसित-मित्यर्थः । अयि वंशधरे ! भवत्या उन्नतं समुदितमुत्कलं राज्यं धाम वा प्रतितीरं यथा स्यात्तथा उल्लसितमानन्दितं रोमाञ्चितमस्ति अथवा फलपुष्पभरं चकास्ति । उल्लसित- उद्+लस्+क्त ।

(८) अर्पित .... निकासम् ।

अर्पितगुरुकुलभाष्यविभूषितकल्पितदैवतशास्त्रम्- अर्पितानां विद्यासमर्पितानां गुरुकुलानां कल्पितं (कृप्+णिच्+क्त) व्यवस्थितं संरचितं दैवतशास्त्रं (शिष्यतेऽनेन - शास् + ष्ट्रन्) दिव्यशिक्षाभरशास्त्रं सर्वप्रश्नानां तर्कसम्मतोपसंहाररूपं ज्ञानदानविधानं यस्मिन् धाम्नि तत्। स्थपतिकलाकृति–गौरवमण्डित–स्वर्णकदायनिकाशम् – स्थपतीनां वास्तुकाराणां कलाकृतिभिः सह गौरवमण्डितः स्वर्णकदायस्य (स्वर्ण+स्वार्थे कन्) सौवर्णोत्तराधिकारस्य निकाशः दर्शनं दृष्टिः सामीप्यं वा यस्मिन् धाम्नि तत् । स्थपतिः – स्था+क, तस्य पतिः ।

षष्ठः सर्गः
उत्तरभारतगानम्

---

(१) स्वर्गाभं .... भारतनिधानम् ।

स्वर्गाभं नः रामज–कृष्णज–पावनधाम सुशोभमस्ति । रामजं रामात् श्रीरामात् श्रीरामसंस्कारतः जातं पुनः कृष्णजं श्रीकृष्णात् श्रीकृष्णसंस्कारतः जातं नः अस्माकं पावनम् अतिपवित्रं धाम निवासस्थानं स्वर्गाभं स्वर्गसदृशं सुशोभमतिमनोरममस्ति । उत्तरदिग्भृतभारतभाव–निधानम् उत्तरस्यां दिशि भृतं (भृ+क्त) धारितं परिपोषितं भारतस्य भारतवर्षस्य भावस्य अस्तित्वस्य शोभनचिन्तनस्य वा निधानं कोषागारम् अयि तत् धाम ! (त्वं) चिरं यथा स्यात् तथा जय जय जय । कालत्रये स्थानत्रये च विजयं लभस्व इति अर्थः ।

(२) नन्दादेवी.............. गिरिभासम् ।

हैमशिलोच्चयः हैम हिमोद्भवः (हिम+अण्) शिलोच्चयः पर्वतः । 'अद्रिगोत्रगिरिग्रावाचलशैलशिलोचयाः' इत्यमरः । नन्दादेवी काञ्चनजंघा हैमशिलोच्चयहासम् – नन्दादेवीपर्वतमाला च काञ्चनजंघा च हैमशिलोच्चयाः च (इति हिमालयः) शुभ्रशोभनपर्वतविशेषाः च हासः यस्य धाम्नः तत् । आम्सोट् – पञ्चुलि – कामेत् – कोटद – चन्द्रशिला नामधेयाः गिरयः । तेषां गिरिणां भासः दीप्तिः यस्मिन् धाम्नि तत् ।

(३) गङ्गा-यमुना............समृद्धम् ।

गङ्गा–यमुना–तमसा–घाघ्रा–गोमतिकाः नदीविशेषाः । ताभिः नदीभिः परिपूतं समन्तात् पवित्रीकृतं यत् धाम तत् । कवेरुदात्तहृदयान्नि–सरति – अयि गण्डकनदि ! सरयू ! शुभसोने ! (शुभा च सा सोना सोननदी) भवदभिषेकसमृद्धं भवतीनाम् अभिषेकेन (अभि+सिच्+ घञ्) जलसिंचनेन यत् समृद्धं समुन्नतिं नीतं तद्धाम इत्यर्थः।

(४) पिप्पल .... वेशम् ।

पिप्पल–वट–गिरिनिम्ब–रसाल–कपित्थ–लिचेयाः वृक्षविशेषाः। तेषां सुवासः शोभननिवासस्थानं यस्मिन् तत् । अर्जुन–निम्बक–पेरुक–वञ्जुल–वृक्षाणां मञ्जुलानि काननानि वेशः (विश्+घञ्) परिधानम् आवासस्थानं वा यस्य धाम्नः तत् । निम्ब–स्वार्थे कन् ।

(५) व्याघ्रमहाबलः ....सौरभलाभम् ।

महान् बलः – महाबलः ।व्याघ्रश्चासौ महाबलः व्याघ्र–महाबलः।राजितवृककुलः दीर्घतर रेखाचित्रिता वृकसमूहः । व्याघ्रमहाबल – राजिलवृककुल– चित्रक–शल्यकानां श्वापदानां दावं वनं यस्मिन् तत् धाम इत्यर्थः। वनवरसिंघ–गवय–वरगण्डक–मृगमदसौरभलाभम् – वनस्य वरसिंघाः तन्नामधेयाः मृगविशेषाः। गवयाः गोसदृशाः वनेचराः पशवः । वरगण्डकाः वरः श्रेष्ठश्चासौ गण्डकः पशुविशेषः ते । एतैः पशुभिः सह मृगमदसौरभलाभः कस्तूरीमृगाणां सुरभिप्राप्तिः यस्मिन् धाम्नि तत् ।

(६) सारस.............. जयगानम् ।

सारस– हंस – हिमालयिवर्तक – कांचनाः पक्षिविशेषाः । तेषां खगकुलानां पक्षिवंशानां भानं (भा+भावे ल्युट्) प्रकाशः कान्तिः प्रत्यक्षज्ञानं वा यस्मिन् धाम्नि तत् । चाष – विविधशतपत्रकरोविन – कलरवकृतजयगानम् – चाषानां किकीदिविपक्षिविशेषाणां विविधशत–पत्रकाणां विविधाः बहुप्रकाराश्च ते शतपत्रकाः (दार्वाघाटाः) तेषां पक्षिणां रोविनानां तन्नामधेय–पक्षिविशेषाणां च कलरवैः अस्पष्टमधुर–ध्वनिभिः कृतं जयगानम् उत्तरभारतविजयसङ्गीतं यस्मिन्

पावनधाम्नि तत् । 'अथ चाषः किकीदिविः' इत्यमरः । 'कलिङ्गभृङ्गधूम्याटा अथ स्याच्छतपत्रकः । दार्वाघाटोऽथ सारङ्गस्तोककश्चातकः समाः ।।' इत्यमरः ।

(७) ब्रह्मकमल..........लोभम् ।

ब्रह्मकमल– नवकिंशुक – पाटल – मल्लि – सुवञ्चलिका नामधेयानां पुष्पाणाम् आभा दीप्तिः कान्तिः वा यस्मिन् धाम्नि तत् । सुवञ्चला +कन् +टाप् इत्वम् । सूर्यवितं पुष्पं सुवञ्चला इति । सूर्यमुखीति भाषायाम् । कुब्जक – कैरव – रङ्गविविधसुमसौरभलम्भितलोभम्– कुब्जकानां तन्नामधेयपुष्पाणां कैरवाणां सितोत्पलानां रङ्गविविधसुमानां रङ्गेषु विविधानां बहुविधानां सुमानां कुसुमानां बहुविधरङ्गपुष्पाणां वा सौरभेषु सुगन्धेषु लम्भितः (लभ् +क्त, नुम्) प्राप्तो दत्तो नियुक्तो वा लोभः (लुभ् + भावे घञ्) इच्छा लालसा प्रालोभनमुत्कण्ठा वा यस्मिन् धाम्नि तत् ।

(८) भास्वर नागर............. संस्कृतिमित्रम् ।

भास्वर–नागर–शिल्पकलाकृति–मन्दिरसुन्दरगात्रम् – भास्वराभिः दीप्यमानाभिः नागरशिल्पकलाकृतिभिः नागरनामधेयाभिः शिल्पकलाकृतिभिः शिल्पकलासु या कृतिः संरचना अनुष्ठानमुत्पादनं वा ताभिः मन्दिराणां सुन्दरगात्रं शोभनीयनिर्मितस्वरूपं यस्मिन् धाम्नि तत् । हिन्दुस्थानि–सुगान–विवर्धित–बहुविधसंस्कृतिमित्रम् – हिन्दुस्थानिनामधेयेन शोभनगानविशेषेण विवर्धितानां समुन्नतिं गतानां बहुविधसंस्कृतीनां मित्रं यत् धाम तत् । (कृतिः – कृ +क्तिन्) ।

सप्तमः सर्गः
केरलधामगानम्

केरलधामगानम् – केरलधाम्नः भारतवर्षस्य तन्नामधेयस्य निवासस्थानस्य गानम् अथवा केरलप्रदेशस्य गानम् ।

(१) आरावाब्धेः ....भावनिधानम् ।

आरावः शब्दः । आरावाब्धेः आरावपरिपूर्णस्य शब्दायमानस्य वा अब्धेः सागरस्य आरवसागरस्य तीरगभूमिषु तटपार्श्वगतभूमिषु केरलधाम तन्नामधेयं भारतवर्षस्य पावननिवासस्थानं नन्दनवनमिव शोभम् – नन्दनं नाम देवराजस्य इन्द्रस्य वनम् । तद्वत् नन्दनकाननमिव शोभमतिमनोरममस्ति । भारतभावनिधानं तु तत् केरलधाम । भारतस्य भारतवर्षस्य भावस्य (भू+भावे घञ्) अस्तित्वस्य शुभचिन्तनस्य दिव्यभावनायाः वा निधानं कोषागारं भाण्डागारं तु (निश्चयात्मकमव्ययम्) तत् धाम । अयि धाम । (त्वं) भुवि पृथिव्यां जगति वा जय जय जय । कालत्रये स्थानत्रये च विजयं लभस्व इति अर्थः ।

(२) प्रोन्नतसाल..............भावम् ।

प्रोन्नतसालनिभोदितपश्चिमघाटविभोत्थितलोभम् – प्रोन्नतसालनिभोदितासु प्रकृष्टोन्नतप्राचीरसदृशविकसितासु पश्चिमघाट-विभासु पश्चिमघाटपर्वतमालाशोभासु उत्थितः उन्नीतः लोभः उत्कण्ठा प्राप्तीच्छा वा यस्मिन् धाम्नि तत् । करिमकुलं-गिरिराजिभिः तन्नामधेय-पर्वतमालाभिः आगतः प्राप्तः मानवविस्मितिभावः मानवानां विस्मयभावः यस्मिन् धाम्नि तत् ।

(३) पेरियरामृत.................जलधितरङ्गम् ।

पेरियरामृत-भारथपूजा-काल्लडिकृतकलनादम् – पेरियरस्य अमृतेन तन्नामधेयस्य नदीविशेषस्य जलेन भारथपूजायाः नद्याः जलेन पुनः कल्लडनदीजलेन च कृतः विहितः कलनादः कलकलध्वनिः एतासां प्रवहमानानां नदीनामस्फुटमधुरध्वनिः यस्मिन् धाम्नि तत् । (पुनः) छलियर – नेयर-मिनछिल-नदीनां सङ्गतेन मिलनेन पुलकितः जलधितरङ्गः आरवमहासागरतरङ्गः यस्मिन् धाम्नि तत् ।

(४) कौशिकफल............... हरितवितानम् ।

कौशिकफल-जलवेतस-खर्जुर-तृणवदरादलभानम्- कौशिकफलवृक्षाणामिति नारिकेलवृक्षाणां, जलवेतसवृक्षाणामिति विलो ट्रि-नामधेयानां वृक्षाणां, खर्जुरवृक्षाणां, तृणावदर-वृक्षाणामिति ष्ट्र-वेरिवृक्षाणां, पुनः अदलवृक्षाणामिति ओक्ट्रि-वृक्षाणाम् । एतेषां वृक्षाणां भानं (भा+भावे ल्युट्) प्रकाशः कान्तिः

प्रत्यक्षज्ञानं वा यस्मिन् धाम्नि तत् । चन्दन-पिप्पल-भूर्ज-करस्कर-वटनामधेयाः वृक्षविशेषाः । तैः कृतः विहितः सम्पादितः हरितवितानः शस्यश्यामवर्णविस्तारः अथवा श्यामलमाच्छादनं यस्मिन् धाम्नि तत् । करस्करः - नक्सभोमिका-वृक्षः ।

(५) व्याघ्रविदारित..................विहारम् ।

व्याघ्रविदारितकुञ्जरकाननकेसरिगर्जनघोरम् - व्याघ्रैः विदारितानां खण्डशः कृतानां (खण्ड+शस्) कुञ्जराणां द्विरदानां हस्तिनां वा काननेषु वनेषु केसरिणां सिंहानां गर्जनं नर्दनं घोरं (घृ+अच्) भयङ्करं यस्मिन् धाम्नि तत् । कासर-खिंकर-चित्रकाः हिंस्रजन्तवः । तैः भीषणसङ्कितः भीषणं भयदायकं यथा स्यात् तथा शङ्कितः मनुजविहारः मनुजानां मानवानां विहारः भ्रमणं यस्मिन् धाम्नि तत् ।

(६) सारस................कैरलगानम् ।

सारस-चातक-श्येन-करण्डव-काक-पिकाः पक्षिविशेषाः । तैः आगतः तानः सङ्गीतमयस्वरविशेषः यस्मिन् धाम्नि तत् । मण्डलवलयित-रङ्गविविधखग-चुंकृतकैरलगानम् - मण्डलेषु चक्राकारेषु वलयितानां वेष्टितानां रङ्गविविधखगानां रङ्गेषु वर्णेषु विविधाः इति तादृशानां पक्षिणां चुं-कृतैः चुंचुमिति मधुरध्वनिभिः सम्पादितं कैरलगानं केरल-सम्बन्धि-वेशेषशोभनसस्वरसङ्गीतं यस्मिन् धाम्नि तत् ।

(७) चंपक-वञ्जुल............ रागम् ।

चंपक-वञ्जुल-सेवतिकोत्पल-मल्लि-सुरभिसृतवातम्- चंपक-वञ्जुल-सेवतिका-उत्पल-मल्लि-पुष्पविशेषाणां सुरभिषु सृतः गतः प्रसारितः वातः पवनः यस्मिन् धाम्नि तत् । सृगतौ इति धातोः सृ+क्त=सृतः । पुनः आरग्वधपुष्पैः नवैः नवीनैः नीलकुरिञ्जिकपुष्पैः (कुरिञ्जि+स्वार्थे कन्) मुहुः वारम्वारं यथा स्यात् तथा अनुवर्धितः तत्समवर्धितः तत्सदृशवर्धितः ('पश्चात्सादृश्ययोरनु' इत्यमरः) रागः (रञ्ज्+भावे घञ्) रङ्गः वर्णो वा यस्मिन् धाम्नि तत् ।

(८) सर्वगसुन्दर...........प्रतिकाशम् ।

सर्वगसुन्दरसारहरितवनकुड्मलभरमृदुहासम्– सर्वगानां सर्वस्मिन् स्थाने प्रसारितानां सुन्दराणां रमणीयानां सारहरितवर्णानां (सृ+घञ् सारः) सर्वोत्तमहरितवर्णकाननानां कुड्मलभरेण प्रस्फुटनोद्यत पुष्पप्राचुर्येण मृदुहासः सुकुमारहासः कोमलविकासः स्मितधवलप्रभा वा यस्मिन् धाम्नि तत् । ईश्वरधाम तु केरलधाम किमिति विजनित–प्रतिकाशम्– एतत् ईश्वरधाम ईश्वरस्य भगवतः निवासस्थानं स्वर्गधाम इति (अथवा) किं नु ('नु पृच्छायां विकल्पे च' इत्यमरः) केरलधाम केरलनिवासिनां मानवानां धाम इति विजनितः सविशेषं जातः प्रतिकाशः (प्रति+कश्+घञ्) सादृश्यः (जातं दर्शनं वा) यस्मिन् धाम्नि तत् ।

अष्टमः सर्गः

कर्णाटकगानम् / कन्नडधामगानम्

---

(१) देवानां भूभारत............ भावनिधानम् ।

भूश्चासौ भारतं भूभारतम् । देवानां भूभारतं नन्दनवनमिव शोभं देवराजस्य इन्द्रस्य तन्नामधेयकाननमिव रमणीयं कन्नडधाम उपगतं प्राप्तमस्ति । भुवि समग्रेऽस्मिन् धरातले भारतभावनिधानं भारतस्य भारतवर्षस्य भावस्य (भू+भावे घञ्) अस्तित्वस्य सद्भावनायाः शुभचिन्तनस्य वा निधानं कोषागारं तु (निश्चयात्मकमव्ययम्) नूनं तत् कन्नडधाम अस्ति । अयि तत्पावनं धाम ! (त्वं) जय जय जय। लोकत्रये कालत्रये च विजयं लभस्व इति अर्थः । जय–पदे आम्रेडिते विजयस्य नैश्चित्यं ध्वन्यते ।

(२) मुल्लयन........... गौरवगानम् ।

मुल्लयनगिरि–भास्करचुम्बित–शिखरसमुत्थितरागम्– मुल्लयननामधेयं गिरिं गतेन प्राप्तेन भास्करेण प्रभाकरेण सूर्येन चुम्बित–शिखरे चुम्बितश्चासौ शिखरः तस्मिन् समुत्थितः रागः (रञ्ज्+भावे घञ्) रक्तिमता प्रणयोन्मादः आनन्दो वा यस्मिन् धाम्नि तत् । वावाबुदनक–पुष्प–कुमारक–गैरिकगौरवगानम् – वावावुन्दन–पुष्पगिरि कुमारपर्वतानां गैरिकस्य गिरौ भव गैरिकं तस्य

रक्तवर्णगुण्डिकस्य पीतवर्णस्य कपिशवर्णस्य नारङ्गवर्णस्य वा रजसः (धूलिकणस्य धूलिकणानां वा) तत्रोपस्थितस्य शोभनसुवर्णस्य वा गौरवगानं यस्मिन् धाम्नि तत् । वावावुदनकः =वावावुदन+स्वार्थे कन् । पुष्पः = पुष्पगिरिः। कुमारकः = कुमार+स्वार्थे कन् ।

(३) कृष्णे................सारम् ।

पुनरुदितोदात्तभावेन कविना उच्यते- अयि कृष्णे ! गोदे ! (गोदावरि !) कावेरीनदि ! इह अस्मिन् कन्नडधाम्नि भवतीनामभिमतं यथा स्यात् तथा तीरं (भवतीनां तीरभूमिभागः) सुशोभितं फलपुष्प-भरमस्ति । अयि सरवति ! काविनि ! पेन्नयि ! भवनीनामुदसिंचनेन उदकसिञ्चनेन सङ्गतः संयोजितः सारः सर्वोत्तमनिर्यासः निष्कर्षो वा यस्मिन् धाम्नि तत् ।

(४) छनन........... साधितताालम् ।

छनन-करच्छद-पिप्पल-वटतरु-चन्दन-निम्ब-रसालाः वृक्षविशेषाः यस्मिन् धाम्नि तत् । जम्बुक-तिन्तिडिका-अदर-कीचकाः वृक्षविशेषाः । तेषां गुञ्जनेन शिञ्जितेन ध्वनिना तेषां पत्रप्रकराणां झणझणायमानेन वा शब्देन साधितः सुष्ठु सम्पादितः तालः (तल्+अण्) सङ्गीतलयविशेषः यस्मिन् धाम्नि तत् । छननः-महेगानिवृक्षः । तिन्तिडिका-अम्लिका, चिञ्चा, तिन्तिडी, काकचिंचा वा । जम्बुकः- जम्बुः जम्बुवृक्षः (जम्बु+स्वार्थे कन्) । अदरः - ओक्वृक्षः । कीचकः- वेणुविशेषः । 'वेणवः कीचकास्ते स्युर्ये स्वनन्त्यनिलोद्धताः' इत्यमरः ।

(५) श्वापदसङ्कुल...........निवासम् ।।

श्वापदसङ्कुलकाननपिङ्गलकपिकुलगजकुलरासम्- श्वापद-सङ्कुलेषु हिंस्रजन्तुपरिपूर्णेषु काननेषु वनेषु पिङ्गलकपिकुलस्य कपिशवर्णवानरसमूहस्य गजकुलस्य हस्तिवंशसमूहस्य च रासः (रस्+घञ्) गर्जनध्वनिः यस्मिन् धाम्नि तत् । पुनः कासर-खिंकर-भल्लुक-चित्रक-वन्यवराहाणां वन्यपशुविशेषाणां निवासः वासस्थानं यस्मिन् धाम्नि तत् । सङ्कुल- सम्+कुल्+क ।

(६) काञ्चन-सारस............वनगानम् ।

काञ्चन–सारस–हंसक–पिक–वक–हरितकपोतानां पक्षिविशेषाणां वितानः विस्तारः आच्छादनम् आकाशावरणं वा यस्मिन् धाम्नि तत् । पुनः श्येन–कलिङ्ग–शतच्छद–नामधेयानां खगकुलानां पक्षिवंशानां चुंकृतैः चुंचुमिति विरावैः श्रुतं वनगानं यस्मिन् धाम्नि तत् । 'कलिङ्गभृङ्गधूम्याटा अथ स्याच्छतपत्रकः । 'दार्वाघाटोऽथ सारङ्गस्तोककश्चातकः समाः' इत्यमरः । कलिङ्गः भृङ्गपक्षी । शतपत्रकः काष्ठकुट्टपक्षी ।

(७) पाटल-चम्पक.............. भारतनाट्यम् ।।

पाटंल–चम्पक–कुन्द–महोत्पलनामधेयैः प्रस्फुटितपुष्पविशेषैः विविधैः सुमैः कुसुमैश्च हसितानि तीर्थाणि (तृ+थक्) पवित्रस्थानानि मार्गाः वा यस्मिन् धाम्नि तत् । पट्टकलाभिः सह शुभशिल्पकलाभिः वास्तुकलाभिः आदृतं भारतनाट्यं तन्नामधेयं विशेषनृत्यं वा यस्मिन् धाम्नि तत् ।

(८) पूजित...........भासितभानम् ।

पूजितगुरुकुलतर्कसमर्थनमधिगतगुणिजनगानम्– पूजितस्य गुरुकुलस्य तर्कसमर्थनं यथा स्यात् हिताहितविचारपूर्वकं यथा स्यात् तथा अधिगतं प्राप्तं गुणिजनानां गानं यस्मिन् धाम्नि तत् । गौरवमण्डित कन्नडधाम गौरवेण बहुविधगौरवचयेन मण्डितं शोभितं कन्नडधाम कन्नडनिवासस्थानं तु (निश्चयात्मकमव्ययम्) नूनं विश्वविभासितभानम् विश्वे समग्रेऽस्मिन् भूमिभागे विभासितम् आलोकितं भानं ज्ञानं प्रत्यक्षज्ञानं वा अस्तीति अर्थः ।

नवमः सर्गः

गुजुराटधामगानम्

(१) सर्वेषां नो.............. भावनिधानम् ।

सर्वेषां नो अस्माकं भारतीयानां पावनधाम पवित्रनिवासस्थानं गुजुराटं गुजराटराज्यं तन्नामधेयं क्षेत्रं वा सुदिव्यकमलनिभशोभम् अत्युत्तमं स्वर्गजातपद्ममिवातिरमणीयमस्ति । अलंकृतभारतभावनिधानं अलंकृतस्य

कारुणिकस्य हितैषिणः भारतस्य भारतवर्षस्य भावनिधानं भावस्य अस्तित्वस्य दिव्यभावनायाः वा निधानं कोषागारं तत् धाम। अयि तत्पावनं धाम ! (त्वं) जय जय । चिरं विजयं लभस्व इत्यर्थः। आम्रेडितात् जय पदात् विजयस्य नैश्चित्यं ध्वन्यते ।

(२) शेत्रुञ्जय............ कृतवासम् ।

शुभश्चासौ सातपुरागिरिः शुभसातपुरागिरिः । शेत्रुञ्जय–शुभसातपुरागिरि–विलसन्–रैवताः पर्वतविशेषाः । एषः पर्वतनिचयः नाभिः यस्य पावनधाम्नः तत् गुजुराटं धाम इत्यर्थः। पुनः पर्नेरापवगधगिरि–चुम्बित–मङ्गलवनकृतवासम्–पर्णेरा च पवग–धगिरिश्च पर्णेरापवगधगिरी ताभ्यां चुम्बितेन सम्पर्कगतेन मङ्गलवनेन माङ्गल्यवनविशेषेण कृतः वासः निवासः यस्मिन् धाम्नि तत् ।

(३) सावरमति..........भागम् ।

गुजुराटे प्रवाहितानां पवित्रनदीनां सम्बोधनेन कथयति कविः, अयि सावरमति ! महि ! तापि ! सरस्वति ! नर्मदनदि ! (नर्मदास्थाने नर्मदपदव्यवहारः छन्दोऽनुरोधात्) भवदाभं गुजुराटधाम इत्यर्थः । भवतीनाम् आभा प्रभा कान्तिः वा यस्मिन् धाम्नि तत् । पुनः दामन–वत्रक–रुक्मवती–भदरादिभिः नदीविशेषैः विराजितः विशेषं राजितः सुशोभितः भागः भूमिभागः यस्मिन् धाम्नि तत् ।

(४) नारायण.......... हसिताभम् ।

नारायण–सुरसागर–सुपुतर–मन्सर–पराः ह्रदविशेषाः । तैः परिपूतं समन्तात् पूतं पवित्रीकृतं यत् धाम तत् । पुनः शुभश्चासौ कङ्करियाह्रदः – शुभकङ्करियाह्रदः। गङ्गासर– शुभकङ्करियाह्रद–गोमतिकाह्रदानां हसिता आभा यस्मिन् धाम्नि तत्। गोमतिका= गोमति+स्वार्थे कन्+टाप् ।

(५) गिर्वनसंचरि..............झंकृतनादम् ।

गिर्वनसंचरि–पशुकुलभेदक–केसरि–हुंकृतनादम् – गिर्–नामधेयं वनं गिर्वनम् । तत्र संचरिणः भ्रमणशीलस्य पशुकुलानां भेदकस्य (भिद्+ण्युल्) विनाशकस्य इतस्ततः कारितस्य केसरिणः सिंहस्य (जातौ एकवचनम्) हुंकृतनादः हुंकृतध्वनिः गर्जनं वा यस्य वनधाम्नि तत् । श्वापदसङ्कुल–चिंकृतकपिकुल–

झिल्लिक-झंकृत-दावम्-श्वापदसङ्कुलस्य हिंस्रजन्तुभिराकीर्णस्य चिंकृतकपिकुलस्य चिंचिमिति शब्दमादृतस्य कपिकुलस्य पुनः झिल्लिकानां झंकृतस्य गुणुगुणायमानध्वनियुक्तस्य दावं वनं यस्मिन् धाम्नि तत् ।

(६) विस्तृतसागर..........नववनरागम् ।

विस्तृतसागरतटमनुधावित-गर्जितरम्यतरङ्गम्- विस्तृतस्य सागरस्य महासागरस्य इति आरवमहासागरस्य तटं तीरं यावत् अनुधावितस्य अनुधावनशीलस्य गर्जितरम्यतरङ्गः गर्जितः रमणीयतरङ्गः (तृ+अङ्गच्) यस्मिन् धाम्नि तत् । सिञ्चितकानन-पुष्पिततरुवन-वर्धित-नवनवरागम् - नदीनां ह्रदानां सागरस्य च जलकणैः सिञ्चितकाननेषु पुष्पिततरुवनानां वर्धितः नवनवरागः (रञ्ज्+ भावे घञ्) वर्णः रङ्गः आनन्दो वा यस्मिन् धाम्नि तत् । आम्रेडितं नवपदं प्रत्यग्रनवीनतां ध्वनयति । 'क्षणे क्षणे यन्नवतामुपैति तदेव रूपं रमणीयतायाः'- इति माघकविः ।

(७) कैरवपाटल..........सेवितवेशम् ।

कैरवपाटल-विकचकमलदल-परिगत-सुरभित-वातम्- कैरवं धवलकुमुदम् । पाटलं पाटलनामधेयं पुष्पं सेवती-पुष्पं वा । विकचकमलं प्रस्फुटितकमलम् । एतेषां पुष्पाणां दलान् परिगतः दलेषु व्याप्तो वा सौरभः सुवासभरः वातः पवनः यस्मिन् धाम्नि तत्। सन्धिजया नवमल्लिकया परिरम्भित-सेवित-वेशम्- सन्धिजया सन्धिजापुष्पेण नवमल्लिकया तन्नामधेयपुष्पेण (जातावेकवचनम्) च परिरम्भितः (परि+रभ्+णिच्+क्त) आलिङ्गितः सेवितः च वेशः (विश्+घञ्) आवासस्थानं यस्मिन् धाम्नि तत् । अत्र सन्धिजा-नवमल्लिकापदद्वयस्य स्त्रीलिङ्गत्वं वेशपदस्य पुंलिङ्गत्वमिति नायिका-नायकभावः ध्वन्यते ।

(८) बहुजन..........चरितार्थम् ।

बहुजनसंस्कृतिसार-समाहृत-बहुजनसङ्गततीर्थम्- बहुजनानां बहुविधानां मानवानां संस्कृतीनां सारस्य निर्यासस्य समाहृतेन संग्रहणेन सङ्गतं मिलितं तीर्थं पावनस्थानं यस्मिन् धाम्नि तत् । स्थपतिकलाकृति-वैभवभासित-जीवनकृतचरितार्थम्- स्थपतिकलाकृतीनां वास्तुकला-कृतीनां वैभवेन

(विभवस्य भावः तेन) भासितमालोकितं जीवनं कृतचरितार्थं यस्मिन् धाम्नि तत् ।

दशमः सर्गः
गोवागानम्

(१) देवानां भूभारत.................... भावनिधानम् ।

देवानां भूभारतम् उपगत–गोवाधाम सुतीर्थमस्ति । देवानां देवतानां भूभारतं भूश्चासौ भारतम् । तम् उपगतगोवाधाम प्राप्तं गोवा नामधेयं पवित्रनिवासस्थानं सुतीर्थमस्ति मानवानां शोभनमिलनक्षेत्रम् अस्ति । तज्जय जय भुवि शोभनधाम तु भारतभावनिधानम्– भुवि पृथिव्यां भारतभावनिधानं भारतवर्षस्य भावस्य अस्तित्वस्य शोभनचिन्तनस्य दिव्यभावनायाः वा निधानं कोषागारं तु (निश्चयात्मक–मव्ययम्) नूनं तत् शोभनधाम । अयि पावनधाम ! (त्वं) जय जय । अविरतं विजयं लभस्व इत्यर्थः ।

(२) पश्चिमघाट................रम्यम् ।

पश्चिमघाटनामधेयेन शिलोच्चयेन पर्वतसमूहेन सङ्गतं तत् दिव्यभुवनं स्वर्गसदृशमतिपवित्रनिवासस्थानम् अमिताभम् असीमसुषमाभरम् अस्ति । तच्च आरवसागरतीरगभूमिषु आरवसागरस्य तीरगतभूमिषु तीरसमीपस्य भूमिषु वा तद्धाम नन्दनवनमिव देवराजस्य इन्द्रस्य नन्दन–नामधेयं दिव्योपवनमिव रम्यं रमणीयमस्ति ।

(३) द्वीपविभव.................कलरवहासम् ।।

(द्वीपविभवपरिपूर्णजलधिजलतरणिविहारविलासम् – द्वीपानां विभवः (वि+भू+अच्) धनं सम्पत्तिः शक्ति वा । तैः परिपूर्णे जलधिजले सागरजले वा तरणिविहारस्य विलासः नौविहारानन्दोपभोगः यस्मिन् धाम्नि तत् । पंक्तिषु....... हासम् । पङ्क्तिषु श्रेणीषु मालासु वा वियति आकाशे विराजितैः विशेषशोभितैः खगकुलैः पक्षिराजिभिः कृतः शुभकलरवहासः मङ्गलमयास्फुटमधुरध्वनिभिः हासः यस्मिन् धाम्नि तत् ।

(४) औषधिजलभर..........समीरम् ।

औषधम् = ओषधि+अण् । औषधीनां वनस्पतीनां जलभरेण निर्यासप्राचुर्येण रसपरिपूर्णेन वा स्थितः निर्मलपुष्करः स्वच्छसरोवरः सुधवलसिकतिलतीरं सुशुभ्रसिकतापरिपूर्णं तटं तटप्रदेशः च यस्मिन् धाम्नि तत् । दोलित....... समीरम् । दोलितफलैः वातेन इतस्ततः चलितफलैः नतेषु नम्रभूतेषु काननेषु नन्दितः आनन्दितः सुमसुरभिभरः प्रस्फुटितपुष्पसुरभिसम्पन्नश्च समीरः वातः यस्मिन् धाम्नि तत् ।

(५) उत्कतरङ्ग..........निवासम् ।

उत्कतरङ्गजुवार्यभिनन्दितमाण्डविजलजविभासम्– उत्कः उत्कण्ठितः उद्वेलितः तरङ्गः उत्कतरङ्गः । तद्वत्तरङ्गयुक्तया जुवारी–नद्या अभिनन्दितायाः माण्डविनद्याः जलजविभासः (वि+भास् भावे घञ्) जलजातप्रकाशः विशेषकान्तिः वा यस्मिन् धाम्नि तत् । जुवारी नदी तरङ्गबहुला तरङ्गाकुला चेति ज्ञायते । उभयज......निवासम् । उभयात् उपर्युक्तनदीद्वयात् जाते पावनसङ्गमे पवित्रमिलनस्थले तीर्थभूमौ वा मोरमुगाँव नामधेयः सुपोतनिवासः शोभनपोताश्रयः यस्मिन् धाम्नि तत् ।

(६) रक्तार्जुन................वातम् ।

रक्तार्जुन–सहकार–शिरःफल–पिप्पल–तालाः वृक्षविशेषाः। तेषां निवासः वासस्थानं काननं वा यस्मिन् धाम्नि तत् । (पुनरपि) कोकम–शाक–पनसतरु–साल–नामधेयाः वृक्षविशेषाः । एतेषां तरूणां हरितवनेषु सञ्चरी सञ्चरणशीलः वातः यस्मिन् धाम्नि तत् ।

(७) चित्रक-जम्बुक........... विहारम् ।

चित्रक–जम्बुक–खिंकर–शूकर–वृक–कपि–नामधेयैः वनपशुविशेषैः जितम् अधिगतं वनं घोरं भयङ्करं यस्मिन् धाम्नि तत्। (पुनरपि) चित्रल–सम्बर–भषनकुरङ्गम–कासराः तत्तन्नामधेयाः वनजन्तवः । तेषां सकलस्य समूहस्य विहारः प्रचारः यस्मिन् धाम्नि तत् ।

(८) पूर्वजभारत...........भरगानम् ।

पूर्वजभारतसंस्कृतिसङ्गतपश्चिमशैल्पिकभानम्– पूर्वजस्य पृथिव्याः पूर्वदिग्भागजातस्य भारतस्य संस्कृतौ सङ्गतं युक्तं पश्चिमशैल्पिकभानं पृथिव्याः पश्चिमदिग्भागजात-शिल्पकलायाः भानं ज्ञानं प्रत्यक्षज्ञानं वा यस्मिन् धाम्नि तत् । (पुनरपि) शोभननृत्य.... गानम् । शोभननृत्यैः विनोदितेन जीवनेन सह बहुविधानां मानवानां विपुलपुलकभरगानं विपुलं विस्तृतं पुलकभरगानं रोमाञ्चानन्दपरिपूर्णं गानं सङ्गीतं यस्मिन् धाम्नि तत् गोवाधाम इत्यर्थः ।

एकादशः सर्गः
छत्तीसगढ़गानम्

(१) सर्वेषां नो.............. भावनिधानम् ।

सर्वेषां नः अस्माकं छत्तीसगढ़ं धाम तन्नामधेयं निवासस्थानं शोभन-भारत-पावन-तीर्थं भारतवर्षस्य पावनं पवित्रं तीर्थं सङ्गमक्षेत्रं समागमक्षेत्रं मेलनक्षेत्रं वा अस्ति । भारतभावनिधानं तु (तत्) शुभधाम भारतस्य भारतवर्षस्य भावस्य (भू+घञ्) अस्तित्वस्य सद्भावनायाः दिव्यभावनायाः वा निधानं कोषागारं तु (निश्चयात्मकमव्ययम्) नूनं तत् शुभधाम (तत्) मङ्गलमयं धाम इति । अयि शुभधाम ! (त्वं) जय । चिरं विजयं लभस्व इत्यर्थः ।

(२) विन्ध्य...........विकासम् ।

विन्ध्य-सुमैकल-सातपुरा-कुलशैलज दिव्यविभासम्– शोभनः मैकलः सुमैकलः । विन्ध्य-सुमैकल-सातपुराः गिरिराजयः तेभ्यः कुलशैलेभ्यः कुलाचलेभ्यः प्रसिद्धपर्वतेभ्यः जातः दिव्यविभासः स्वर्गीयसुषमाभरविशेषकान्तिः यस्मिन् धाम्नि तत् छत्तीसगढ़ं धाम इत्यर्थः । नीलगगनतल-फलभरवनभुवि रम्यकरूपविकासम्– नीलगगनस्य आकाशस्य तले अधोभागे फलभरवनभुवि फलपरिपूरितवनभूमौ रम्यकरूपविकासं मनोरमशोभायाः विकासः वृद्धिः यस्मिन् धाम्नि तत् ।

(३) इन्द्रावति......... तीर्थम् ।

इन्द्रावति.........रूपम् । इन्द्रावति-शिवनाथ-महानदीनाम् अब्भरेण जलपरिपूर्णेन राजतरूपं (रजत+अण्) रौप्यशोभावद्रमणीयं रूपं यस्मिन् धाम्नि तत् । सोण्ढुर......तीर्थम् । पुनः सोण्ढुरनदी-पैरिनदी-महानदीनां त्रिवेणीसङ्गमेन विनिर्मितं राजिमपत्तनं राजिम-नामधेयं नगरं तीर्थमतिपवित्रनदीनां सङ्गमस्थलं यस्मिन् धाम्नि तत्। राजिम-नगरस्थानं छत्तीसगढ़स्य प्रयागक्षेत्रमिति मन्यते । नदः- नदति शब्दायते अच्-नदी महतीनदी वा । महानदी-स्थाने महानदप्रयोगः छन्दोऽनुरोधात् ।

(४) तिन्दुक...............वैभवलाभम् ।

तिन्दुक........हरिताभम् । तिन्दुक-बीजक-सल्लकि-शाक-सुसाल-मधुक-वृक्षाणां हरिता आभा कान्तिः हरिद्वर्णविभासो वा यस्मिन् धाम्नि तत् । भाषायां तिन्दुकः तेन्दु इति, बीजः असन इति, सल्लकिः सलाइ इति, सुसालः- शोभनः सालः तन्नामधेयः वृक्षविशेषः, मधुकः महुआ इति । आग्रल....लाभम् । (पुनः) आग्रल-विल्व-लिचेय-रसाल-पनसफलानां वैभवलाभः विभु+अण्= वैभवं, तस्य लाभः चमत्कृतिभावस्य धनप्राचुर्यस्य वा लाभः यस्मिन् धाम्नि तत्।

(५) व्याघ्रजगर्जन................विहारम् ।

व्याघ्रजगर्जन...........घोरम् । व्याघ्रेभ्यो जातैः गर्जनैः चित्रक-शूकर-वृकाणां हिंस्रजन्तूनां वनधावनं वनभूमिषु इतस्ततः विचरणं घोरं भयङ्करं यस्मिन् धाम्नि तत् । शल्यक.......विहारम् । शल्यक-हिंगुल-भषनकुरङ्गम-कासर-गवयानां तन्नामधेयवन्यजीवविशेषाणां विहारः भ्रमणं यस्मिन् धाम्नि तत् ।

(६) हंस...........वातम् ।

हंस-कलिङ्ग.........रम्यविभासम् । हंस-कलिङ्ग-तनुकशुक-वर्तक-वक-पिक-नामधेयैः पक्षिभिः सह (आगतं) रम्यविभातं रमणीयार्हमुखं प्रभातं वा यस्मिन् धाम्नि तत् । वर्णविविध.......... वातम् । वर्णेषु विविधं वर्णविविधम् । तादृशैः सुमैः पुष्पैः सङ्गतानां कोपुफुल-पुष्पाणां सुरभिभिः सिञ्चितः वातः यस्मिन् धाम्नि तत् ।

(७) लौकिक.............गानम् ।

लौकिक-शैलसुनृत्यकला-प्रियफुगुडिज-नर्तनतानम् । लौकिका लोकादृता लोकसम्भूता वा । तया शैलनामधेयशोभननृत्य-कलया सह प्रिया च सा फुगुडिः विशेषक्रीडा नृत्यक्रीडा वा, तस्याः जातस्य नर्तनस्य नृत्यस्य तानः विस्तारः यस्मिन् धाम्नि तत् । शैलनृत्यम् इतरेतरदण्डक्रीडानृत्यं प्रसिद्धम् । फुगुडिः विशेषनृत्यकला प्राचीन-लोकगीतसमन्विता शोभते । शिशुकुल.......गानम् । शिशुकुलानां रञ्जकेषु लौरिषु तन्नामधेयसङ्गीतविशेषेषु सम्मतमिव सम्मतं यथा स्यात् तथा शुभसोहरगानं मङ्गलमयं सोहरनामधेयं गानं शिशुजन्मकालसङ्गीतं यस्मिन् धाम्नि तत् ।

(८) ढोक्रा.........विधानम् ।

ढोक्रा..........भानम् । ढोक्रा-नामधेयया शोभनशिल्पनिर्माण-कलया सह (कुप्य-कांस्य-पित्तल-निर्माणकलाभिः सह वा) श्रितं (श्रि+क्त) सेवितं सम्मानितं वा कोषेयवस्त्रजभानं कीटसूत्रनिर्मितपट्ट-जातं भानं तेजः ज्ञानं वा यस्मिन् धाम्नि तत् । मध्यमभारत........ विधानम् । (पुनः) मध्यमभारतस्य भारतवर्षमध्यभागस्य तण्डुलनिधिः तण्डुलस्य निधिः (नि+धा+कि) तण्डुलस्य अक्षयकोषागारम् इति मानितं सम्मानितं नाम उपनाम (उपाधिः) विधानं (वि+धा+ल्युट्) व्यवस्थाकरणं यस्य धाम्नः तत् ।

द्वादशः सर्गः

जाम्मुकेश्मीरधामगानम्

---

(१) श्रीजाम्मुं........... भावनिधानम् ।

श्रीजाम्मुं तन्नामधेयं पावनस्थानं श्रितं प्राप्तं युक्तं वा काश्मीर-भुवनं तन्नामधेयं पावनस्थानम् इति प्रकाशात् हेतोः वा ('इति हेतुप्रकरण-प्रकाशादिसमाप्तिषु' इत्यमरः) भुवि पृथिव्यां मानवतीर्थं मानवानां पवित्रमिलनक्षेत्रमस्ति । भारतभावनिधानं भारतस्य भावस्य शुभचिन्तनस्य दिव्यभावनायाः वा निधानं कोषागारं तु नूनं तदुन्नतधाम अतिप्रशंसनीयं सम्मानास्पदं च तत्स्थानम् । अयि तद्धाम ! (त्वं) चिरं यथा स्यात् तथा जय जय, सर्वदा सर्वत्र च विजयं लभस्व इति अर्थः ।

(२) शीतलमुक्त............हसिताभम् ।

शीतलश्चासौमुक्तः शीतलमुक्तः स चासौ पवनः । तेन परिरम्भितम् आश्लिष्टं नीलगगनं (नीलाकाशः) अतिशोभमतिमनोहर-मस्ति । हिमगिरि....... हसिताभम् । हिमगिरिसंयुतेन हिमालयपर्वत-राजिसंयुक्तेन नगपिरपञ्जलराजिः नगश्चासौ पिरपञ्जलः तस्य राजिः समूहः पिरपञ्जलपर्वतमाला इति अर्थः । तेषां धवलहसिताभा धवला हसितमिव आभा यस्मिन् धाम्नि तत् ।

(३) सिन्धु........... निसारम् ।

सिन्धु-सुझेलम-चेनव-राविनदीनां जलस्य मधुरः (मधु माधुर्यं राति इति मधु+रा+क) मधुमयः सुखदः विहारः भ्रमणं यस्मिन् धाम्नि तत् । श्यामल........ निःसारम् । पुनः एताभिः जलधाराभिः किमु श्यामलसुन्दरविकसितभुवि श्यामलसुन्दरं यथा स्यात् तथा विकसिते भुवने हीरकहारनिसारं तद्धाम ? हीरकनिर्मितहाराणां निसारः समुच्चयः यस्मिन् धाम्नि तत् । यथा हीरकहारः गलायां तथा जाम्मु-काश्मीरगलायाम् एताः नद्य इत्यर्थः । निसारः= नि+सृ+घञ् ।

(४) कुट्टिमदारु..........विकासम् ।

कुट्टिमदारु-भवानी-अम्बुजतरु-देवदारुनामधेयाः वृक्षविशेषाः। तेषां निवासः वासस्थानं यस्मिन् धाम्नि तत् । देवकदारु देवदारुवृक्षः। देवक = देव+स्वार्थे कन् । देवदारु स्थाने देवकदारु-प्रयोगः छन्दोऽनुरोधात् । कानन....... विकासम् । पुनः काननशोभनानां तूद-आखोटक-केलवृक्षाणां विकासः वृद्धिः यस्मिन् धाम्नि तत् । केल+स्वार्थे कन्= केलकः । केलवृक्षः इत्यर्थः ।

(५) हिंगुल...............विलासम् ।

हिंगुलक-तुहिनचित्रक-जम्बुक-पिङ्गलभालुकानां वनजन्तूनां रासः गर्जनध्वनिः यस्मिन् धाम्नि तत् । भषनकुरङ्गमानां वनशुभ-हरिणकानाञ्च नृत्येन सह विहारस्य भ्रमणस्य विलासः आनन्दानुभवः यस्मिन् धाम्नि तत् । हिंगुल+स्वार्थे कन्= हिंगुलकः हरिणविशेषः । तुहिनचित्रकः - तुषारशार्दूलः इत्यर्थः। भषनकुरङ्गमः - वुक्कनमृगः। वनशुभहरिणकः - शुभः छागः शुभवत् हरिणकः (क्षुद्रहरिणः) शुभहरिणकः वनस्य शुभहरिणकः इत्यर्थः ।

(६) मनसबल............विभातम् ।

मनसवलकमल –काच्नर-केसर-सुमनरगीस-नामधेयेषु पुष्पेषु गतः चलितः वातः यस्मिन् धाम्नि तत् । (पुनः) मल्लि-सुवंचलिका-सुजपा-सजपोषनामधेयानि पुष्पाणि । तेभ्यः जातं सुरभिविभातं सुगन्धिप्रभातं यस्मिन् धाम्नि तत् । मनसवलकमलम् - मनसवल-नामधेयस्य ह्रदस्य कमलम् । मनसवलह्रदस्य कमल-प्राचुर्य-प्रसिद्धिः। सुमनरगीसम् - सुमं पुष्पं तत् नरगीसनामधेयमिति नरगिसमिति केचित्। तदांङ्गलभाषायां नार्सिसस् इति कथ्यते । सुवंचलिका = सुवंचला+ स्वार्थे कन् । सूर्यवितपुष्पमिति ।

(७) मेचकः................कुञ्जम् ।

मेचककन्धरसारस – निनटिक-काक-शतच्छद-पक्षिणां पुञ्जः समवायः यस्मिन् धाम्नि तत् । नीलकपोत-खगकुल-कलरव-मधुकर-गुञ्जित-कुञ्जम्- नीलाः नीलवर्णाः च ते कपोताः तेषां खगकुलानां पक्षिवंशानां समूहानां वा कलरवैः काकलिभिः सह मधुकराणां भ्रमराणां गुञ्जितः मुखरितः कुञ्जः यस्मिन् धाम्नि तत् । मेचककन्धरसारसः – कालकण्ठसारसपक्षी । निनटिकः – बुल्बुल् पक्षी । शतच्छदः – दार्वाघाटः काष्ठकुट्टपक्षी ।

(८) शोभन...................भारतमानम्

शोभनचक्रि-सुनर्तन-सौफिकगान-मनोरमतानम् - शोभनेन चक्रिनामधेयेन सुनर्तनेन उत्तमनृत्येन सह सौफिकगानस्य सुफि-धार्मिक-सम्प्रदाय-दर्शन-संस्कृतगानस्य सङ्गीतस्य मनोरमः तानः विस्तारः यस्मिन् धाम्नि तत् । कारुकला-शुभचारुकलादिभिरङ्कित-भारतमानम्- कारुकला भवति शिल्पिकला । कारुकलाभिः सह शुभशोभनसूक्ष्मकलादिभिः अर्थात् वस्त्रनिर्माण-चित्राङ्कन-सौचिक-शोभनकलादिभिः अङ्कितः उल्लिखितः भारतस्य मानः सम्मानः यस्मिन् धाम्नि तत् ।

त्रयोदशः सर्गः
झारखण्डधामगानम्

(१) देवानां ....निधानम् ।

देवानां देवतानां भूभारतपावनहरितभुवनं भूश्चासौ भारतं तस्य पावनमतिपवित्रं हरितभुवनं हरिद्वर्णशस्यश्यामल-निवासस्थानम् अतिशोभमतिमनोरममस्ति । भारतभावनिधानं तु तत् झारसुमण्डलधाम। भारतस्य भावस्य (भू+घञ्) अस्तित्वस्य शुभचिन्तनस्य दिव्यभावनायाः वा निधानं कोषागारं तु (निश्चयात्मकमव्ययम्) नूनं तत् झारसुमण्डल-धाम झारं वनमिति भाषायाम् । शोभनं मण्डलं सुमण्डलं शोभनं भूखण्डं प्रदेशो वा तदेव धाम (धा+मनिन्) पावननिवासस्थानम् अथवा झार-पूर्वकं सुमण्डलं शोभनं भूखण्डं (झारखण्डप्रदेशः) तन्नामधेयमतिपवित्रं निवासस्थानं वा । अयि तद्धाम ! (त्वं) जय । चिरकालं विजयं लभस्व इत्यर्थः ।

(२) पारसनाथः..................दुर्गम् ।

पारसनाथशिखरिकुलमण्डिततुङ्गशिखरहसिताभम्- पारसनाथस्य तन्नामधेयस्य शिखरिकुलस्य पर्वतवंशस्य पर्वतमालायाः वा मण्डिततुङ्ग शिखरस्य शोभितोन्नतशृङ्गस्य हसिता आभा शुभ्रशोभना कान्तिः यस्मिन् धाम्नि तत् । ध्वजधर-नेतरहाटक-कोह्लुअ-टागुर-गिरयः ततन्नामधेयाः पर्वतविशेषाः । तैः तेषां समवायैः कृतं सम्पादितं वा विहितं दुर्गं यस्मिन् धाम्नि तत् ।

(३) दामोदर.......................गानम् ।

दामोदर-शुभसोन-सुवर्णरेखा-नदीविशेषाः एतेषां नदीनां जलस्य तानं विस्तारः अथवा तानः सङ्गीतमयस्वरस्य यथाकालमनुक्रमं विरामभावः यस्मिन् धाम्नि तत् । पुनः गङ्गा-कोयलादिनदीनां शोभनसिंचनेन इह फलभरगानं कृतम्, फलप्राचुर्यस्य लाभात् प्राप्तिहेतोः जनानाम् आनन्दभरं सङ्गीतमत्र सम्पादितमित्यर्थः ।

(४) साल................सुवेशम् ।

साल-रसाल-बिभीतक-वंश-मधूक-पनस-नामधेयानां तरूणां वासः

निवासस्थानं यस्मिन् धाम्नि तत् । (पुनः) शाल्मलि-केसर-जाम्बव-निम्ब-कदम्ब-शिरीषाः वृक्षविशेषाः ते वेशः (विश् +घञ्) वस्त्रं परिधानं वा यस्य धाम्नः तत् । अथवा वेशः आवासस्थानं यस्य धाम्नः तत् झारखण्डधाम इत्यर्थः । बिभीतकः -वेहेडा-तरुनाम; मधूकः- महुआ-तरुः इति भाषायाम् । केसरः- पुन्नागवृक्षः । 'पुन्नागे पुरुषस्तुङ्गः केसरो देववल्लभः' इत्यमरः । जाम्बवः - जम्बुवृक्षः। 'जम्बूः स्त्री जम्बु-जाम्बवम्' इत्यमरः ।

(५) व्याघ्र................रासम् ।

व्याघ्र-वराह-वृकैः आकुलिते सङ्कुलिते कानने चित्रकाणां शर्दूलानां (चिताबाघ इति भाषायाम्) वानराणां बहुविधानां कपीनां रासः गर्जनध्वनिः यस्मिन् धाम्नि तत् । जम्बुक.........निवासम् । मृगाणां कुलः मृगकुलः मृगवंशो वा । जम्बुक-खिंकर-कासर-मृगकुल-शल्यक-नामधेयैः वन्यजीवविशेषैः कलितः (कल्+क्त) प्रभावितः अभेद्यो वा निवासः (वननिवासस्थानं) यस्मिन् धाम्नि तत् ।

(६) कोकिलः..................... रावम् ।

कोकिल-काञ्चन-चातक-वर्तक-चटक-मयूरादीनां पक्षिणां विहारः विचरणं यस्मिन् धाम्नि तत् । (पुनः) श्येन-करण्डव-काक-तनुकशुक-हरितकपोतानां वीनां पक्षिणां रावः कलरवः काकलिर्वा यस्मिन् धाम्नि तत् ।

(७) किंशुक......................सुहासम् ।

किंशुक-पारिजात-मल्लि-सुवंचला-नामधेयानां सुमानां कुसुमानाः भासः दीप्तिः यस्मिन् धाम्नि तत् । (पुनः) कैरव-पाटल-फुल्लमहोत्पल-कुन्द-कदम्बपुष्पाणि सुहासः शोभनहासः सुखप्रस्फुटनं यस्य धाम्नः तत् । सुवंचला भवति सूर्यवितं पुष्पम् । कन्-प्रत्ययप्रयोगेण सम्पादितं सुवंचलिकापदं छन्दोऽनुरोधात् । सुवंचला+कन्+टाप् इत्वम् । पारिजातस्थाने पारिसुजातक-प्रयोगोऽपि तद्वत् । अत्र सु-प्रयोगः शोभनार्थवाचकः । फुल्लमहोत्पलम्-फुल्लं प्रस्फुटितं च तत् महोत्पलं पद्मं वा । 'वा पुंसि पद्मं नलिनमरविन्दं महोत्पलम्' इत्यमरः ।

(८) वंशज.........भानम् ।

वंशजस्य वेणुजातस्य काष्ठजस्य काष्ठजातस्य च शिल्पकलाभिः सह श्रुत-कोह्वर-चित्रग-भानम्-श्रुतं विश्रुतं प्रसिद्धं कोह्वर-नामधेयं चित्रगतं भानं (भा+ल्युट्) दीप्तिः ज्ञानं वा यस्मिन् धाम्नि तत् । सङ्गत.......गानम् । सङ्गतानां समवेतानां जनानां सुन्दरलोककलाभिः सह शुभनृत्यकलोदितगानं रमणीय-माङ्गलिक-नृत्यकलाभ्यः उदितं जातं गानं सङ्गीतं यस्मिन् धाम्नि तत्।

चतुर्दशः सर्गः
तामिलधामगानम्

(१) देवानां ....भावनिधानम् ।

तत्सागरपावितदिव्यभुवनं भारतभावनिधानं तु तामिलधाम भुवि अमिताभमस्ति । अयि पावनधाम ! (त्वं) जय जय जय । देवानां देवतानां तत्सागरपावितदिव्यभुवनं भारतमहासागरेण कृतपवित्रं दिव्यभुवनं स्वर्निभ-निवासस्थानं स्वर्गकल्पं निवासस्थानं वा, पुनः भारतभावनिधानं भारतवर्षस्य भावस्य (भू+भावे घञ्) अस्तित्वस्य दिव्यभावनायाः वा निधानं कोषागारं तु (निश्चयात्मक-मव्ययम्) नूनं तामिलधाम - तामिलनाडु (धाम-शब्दः नाडु इति भाषायाम्) भुवि पृथिव्याम् अमिताभम् अतुलनीयकान्तियुक्तमति-रमणीयं वा अस्ति । अयि पावनधाम ! पुण्यनिवासस्थानं ! (त्वं) जय जय जय। चिरं विजयं लभस्व भुवनत्रये कालत्रये च विजयं लभस्व इत्यर्थः ।

(२) नीलगिरि..........शुभाङ्गम् ।

नील्गिरि - दोद्वेट - अरुणाञ्चल - वेल्लिय-नामधेयैः शैलैः विसारितानि प्रसारितानि शृङ्गाणि यस्य धाम्नः तत् । मेघमलायि.......शुभाङ्गम् । मेघमलायि-पलानि-कोल्लि-नामधेयाः गिरिराजयः । एतदादिभिः गिरिराजिभिः उद्गतानि उपरि स्थितानि प्रसारितानि रम्यशुभाङ्गानि यस्य धाम्नः तत् । शृङ्गम्= शृ+गन्। अरुणः - अरुणाञ्चलनामधेयः पर्वतविशेषः । पलानिकः= पलानि+स्वार्थे कन्। पलानिनामधेयः पर्वतविशेषः ।

(३) भेल्लर.......... भासम् ।

भेल्लर–पालर–वैगयि–भैपर–थामिरवरण्यादिनद्यः नदीसमूहः सुवेशः शोभनवस्त्रं यस्य धाम्नः तत् । कावेरी......भासम् । कावेरी–थेन्पेन्नयि–वारिभिः जलैः पुष्पफलाभरभासः पुष्पफलानाम् आभरस्य (आ+भृ+अच्) समन्तात् भरस्य आधिक्यस्य वा भासः दीपिः शोभा यस्य धाम्नः तत् । अस्य धाम्नः आभूषणं नद्यः । पुनः नदीभिः फलपुष्पभरं शस्यश्यामलमेतद्धाम नदीमातृकमिति अर्थः ।

(४) पिप्पल..............कृतयोगम् ।

पिप्पल–शाल्मल–साल–रसाल–कदम्ब–निम्बनामधेयानां वृक्षाणां सुशोभा अत्युत्तमा रमणीयता यस्य धाम्नः तत् । ताल.....योगम्। ताल–करच्छद–तिन्तिलिका–वट–तरूणां गुल्मः समवायः तेन जटिलः (जटा+इलच्) जटायुक्तः तन्तुमयो वा । जटाधारि–सन्न्यासिवत्–शोभमानः वृक्षनिचयः । तैः कृतः योगः (युज्+भावादौ घञ्, कुत्वम्) तपः साधना यस्मिन् धाम्नि तत् । यथा जटिलाः सन्न्यासिनः योगमास्थाय तपश्चरन्ति तथा एते वृक्षाः गुल्मजटिलाः चिरं तपस्यन्तीति अर्थः । बहुप्राचीनवृक्षराजयः औषधयः संरक्षिताः अत्रोपलभ्यन्त इत्यर्थः ध्वन्यते । कदम्बकः = कदम्ब+स्वार्थे कन् । तिन्तिलिका= तिन्तिलि+कन्+टाप् ।

(५) नील्गिरि.................रासम् ।

नील्गिरिताहर–शल्यक–कृष्णहरिणानां(लाङ्गुरनामधेयानां–) बहुवानराणां च वासः निवासस्थानं यस्मिन् धाम्नि तत् । व्याघ्रगताकुलः ....रासम् । व्याघ्राणां गतं गमनं तेन व्याघ्रभ्रमणेन वा आकुलैः सङ्कुलैः इतस्ततभ्रमणशीलैः भल्लुक–चित्रक–कुञ्जरनामधेयैः वनपशुभिः कारितः (कृ+णिच्+क्त) रासः गर्जनध्वनिः यस्मिन् धाम्नि तत् । नील्गिरि ताहर्– वन्यछागकल्पमृगविशेषः तामिलनाडुप्रदेशस्य नीलगिरिशैलराजिषु दृश्यते तत्र राज्यपशुरूपेण च स्वीकृतः।

(६) हरितकपोत................दावम् ।

हरितकपोत – करण्डव–सरस–काक–पिकादीनां पक्षिणाम् आकुलरागः

कलरवध्वनिः यस्मिन् धाम्नि तत् । विविध......दावम्। बहुविधानां वीनां पक्षिणां कूजनेन मधुकराणां मधुमक्षिकाणां भ्रमराणां च गुञ्जनेन सन्ततम् अविरतं मुखरितं शब्दायमानं दावं वनं यस्मिन् धाम्नि तत् ।

(७) पद्मसरोवर...........भारतवर्षम् ।

पद्मसरोवराणां सौरभसिञ्चितेन सुगन्धिसिञ्चितेन समुदितपान्थ-गहर्षः जातः पान्थगतः हर्षः यस्मिन् धाम्नि तत् । अग्निमुखीसुमराजिषु तन्नामधेयपुष्पसमूहेषु मोदित-तामिलभारतवर्षम् मोदितमानन्दितं तामिल-भाषाभाषिणां भारतवर्षं यस्मिन् धाम्नि तत् । अग्निमुखीपुष्पम् आंग्लभाषायां ग्लोरिलिलि/फ्लेम्लिलि वा कथ्यते । तदेव तामिलनाडु-प्रदेशस्य स्वीकृतं राज्यपुष्पम् ।

(८) वेद.................... भारतनाट्यम् ।

वेद-कुरालग-धर्मसमाश्रित-मुनिजन-पावन-तीर्थम्- वेदश्च कुरालश्च वेदकुरालौ तयोः गतं स्थितं धर्मं जीवनधारण-नीत्युपदेश-विचारं समाश्रितानां मुनिजनानां पावनतीर्थं पवित्रमिलनस्थानं यस्मिन् धाम्नि तत् । भास्वर-कारुकलाकृति-साधित-विश्रुतभारतनाट्यम्- भास्वराभिः प्रकाशमानाभिः दीप्यमानाभिः (भास्+वरच्) कारुकला-कृतिभिः शिल्पिकलाकृतिभिः सह साधितं (साध्+क्त) विश्रुतं प्रख्यातं सर्वविदितं भारतनाट्यं तन्नामधेयं विशेषनृत्यं यस्मिन् धाम्नि तत् ।

पञ्चदशः सर्गः
तेलगुधामगानम्

---

(१) देवानां ....निधानम् ।

देवानां देवतानां सागरतटगतदिव्यभुवनमिव समुद्रतीरवर्ति-स्वर्गीयनिवासस्थानमिव शोभं शोभनीयं तेलगुधाम तेलगुभाषाभाषिणां निवासस्थानं तु (निश्चयात्मकमव्ययपदम्) नूनं भुवि पृथिव्यां भारतभावनिधानं भारतवर्षस्य भावस्य (भू+घञ्) अस्तित्वस्य शोभन-चिन्तनस्य दिव्यभावनायाः वा निधानं कोषागारम् अस्ति । अयि तत् धाम ! (त्वं) जय जय सर्वत्र सर्वदा विजयं लभस्व इत्यर्थः।

(२) नीलशिलोच्चय.................. विकासम् ।

नीलशिलोच्चयानां नील्लमालापर्वतराजीनां शेषाचलानां तन्नामधेयगिरिराजीनां घनमङ्गलगिरिणां निविडमङ्गगिरिमालानां पुनः वनानां वनराजीनां च वासः निवासस्थानं यस्मिन् धाम्नि तत् । आर्माकोण्डा..........विकासम् । आर्माकोण्डादिनामधेयानां विविध-विस्तृतपर्वतशिखराणां - विविधं यथा स्यात् तथा विस्तृतानां गिरिशिखराणां विकासः उन्नतिः यस्मिन् धाम्नि तत् ।

(३) गोदा-कृष्णा.............गीतम् ।

गोदावरी-कृष्णानदी-स्वर्णमुखी-मुषि-भीमा-नामधेयानां नदीविशेषाणां सेचनेन जलधाराभिः जलकणाप्रसारितेन वा शान्तः प्रसन्नः भूमिभागः यस्मिन् धाम्नि तत् । (पुनः) वंशधरा-नदीजलेन पुष्पितं फलपुष्पभरं तेलगुधाम गीतं गायति नु ? एषा उदात्तकण्ठ-कविभणितिः । नु - पृच्छायाम् । वंशधरा-जलधाराभिः विकसितं धाम आनन्दमनुभवति इत्यर्थभानम् ।

(४) पेरुक...................वासम् ।

पेरुक-पिप्पल-निम्ब-रसाल-कदम्ब-वनराजिभिः सुगन्धिः सुवातः यस्मिन् धाम्नि तत् । मुनि..........निवासम् । मुनिमनसामपि विस्मयकारकाणां काननकुञ्जानां वनवर्धित-निकुञ्जानां निवासः उपस्थितिः यस्मिन् धाम्नि तत् ।

(५) कृष्ण.................विहारम् ।

कृष्णहरिणकुलानां चित्रलानां चित्रमृगाणां चित्रकानां शार्दूलानां (चितावाघ इति भाषायां) कासराणां वनवाहद्विषतां च काननं घोरं भयङ्करं यस्मिन् धाम्नि तत् । व्याघ्र.........विहारम् । व्याघ्र-शश-उद्र-वराहाणां विदारुणेन विशेषहिंसाचरणेन वारितः निवारितः मनुजविहारः मानवभ्रमणं यस्मिन् धाम्नि तत् । 'लुलायो महिषो वाहद्विषत्कासरसैरिभाः' इत्यमरः ।

(६) काक ....दावम् ।

काक-कलिङ्ग-कपोतक-वर्तक-शुक-पिक-वकाः पक्षिविशेषाः । तादृशानां पक्षिकुलानां रावः कलरवः यस्मिन् धाम्नि तत् । सारस..........दावम् । सारस-हंसक-हरितकपोत-पेचकाः तन्नामधेयाः पक्षिविशेषाः । तैः विचरितं सञ्चरितं दावं वनं यस्मिन् धाम्नि तत् ।

(७) आदारि............वासम् ।

सेवती–आदारिकुसुम–वञ्जुल–मल्लि–महोत्पल–पुष्पाणां हासः प्रस्फुटनविलासः विकसितानन्दो वा यस्मिन् धाम्नि तत् । पुनः नागकेसर–देवकाञ्चन–कदम्बपुष्पाणां वासः सुगन्धः सौरभं वा यस्मिन् धाम्नि तत् । वञ्जुलमशोकपुष्पम् । कदम्बकम्= कदम्ब+कन् स्वार्थे । पुष्पं च तत् कदम्बकं – पुष्पकदम्बकम् । नागकेसरस्थाने नागककेसरप्रयोगः पुनः देवकाञ्चनस्थाने देवककाञ्चनप्रयोगः छन्दोऽनुरोधात् ।

(८) अद्भुत..............गानम् ।

अद्भुता च सा भास्करशिल्पकला भास्वरा निर्माणकला इत्यर्थः। तासां कलानां पुनः श्रुतायाः विश्रुतायाः प्रसिद्धायाः वा कुचिपुडि–नृत्यकलायाः च मोहनतानः मनोहरतानः यस्मिन् धाम्नि तत् । गीतगान–प्रक्रियायाम् अनुक्रमं यथाकालं स्वरविरतिप्रयोगः तानः सङ्गीतरागस्य प्रकर्षवृद्धिहेतुः । पुनः वैदिकानां वेदविदां सौगतानां बौद्धशास्त्रविदां विविधगानां बहुविधादृतसंस्काराणां दर्शनैः मुखरितं (मुखर+इतच्) प्रतिध्वनितं गौरवगानं (गुरु+अण्= गौरवम् । गौरवमयं सम्मानभरं महत्त्वपूर्णं वा गानम्) यस्मिन् धाम्नि तत् ।

षोडशः सर्गः

त्रिपुराधामगानम्

(१) सर्वेषां ....निधानम् ।

सर्वेषाम् अस्माकं श्रीत्रिपुराश्रुतपावनधाम श्रीत्रिपुरा ईश्वरप्रदत्ता लक्ष्मीस्वरूपा त्रिपुरा भवति । त्रिपुरा–नामधेयं श्रुतं विख्यातं पावनधाम पवित्रनिवासस्थानं सुशोभमतिरमणीयमस्ति । भारतभावनिधानं तु तत् ईप्सितधाम चिरं जय जय । भारतस्य भारतवर्षस्य भावस्य (भू+घञ्) अस्तित्वस्य शुभचिन्तनस्य दिव्यभावनायाः वा निधानं कोषागारं तु नूनं (तु – निश्चयात्मकमव्ययम्) तदभिवाञ्छितं त्रिपुराधाम अस्ति । अयि तत्पावनधाम ! (त्वं) चिरं यथा स्यात् तथा जय जय सर्वदा सर्वत्र विजयं लभस्व इत्यर्थः ।

(२) देव..................सृतहासम् ।

देवमुरा-आर्थरमुरा-वोरमुरादिगतानां प्राप्तानां संयुक्तानां वा शैलगणानां पर्वतराजीनां निहितः (नि+धा+क्त) निर्धारितः वासः निवासस्थानं यस्मिन् धाम्नि तत् । देवतामुरास्थाने देवमुरा प्रयोगः पुनः आर्थरमुरास्थाने आर्थरप्रयोगः अभिलषितः । लङ्गत........हासम्। लङ्गतराइगिरिराजिभिः (पुनः) शखनगिरिराजिभिः च (जामराइत् लङ्गादिभिः गिरिराजिभिश्च) सेवितेन मन्दमरुतेन मन्दं यथा स्यात् तथा प्रवहितेन वातेन सृतः प्रसारितः हासः आनन्दः यस्मिन् धाम्नि तत् ।

(३) गोमति..............विलासम् ।

नदीनां प्रवहमानानां सम्बोधनेन कथयति कविः- अयि गोमति! फेनि ! धलाई! तितसनदि ! भवदुदविहितविकासम् - भवतीनामुदैः उदकैः जलैः विहितः सम्पादितः विकासः यस्मिन् धाम्नि तत् । लोङ्गाइ...........विलासम् । (पुनः) लोङ्गाइ-मुसलि-खोवाइ-नदीनां मधुरजलभरेण मधुरजलप्राचुर्येण कलितः (कल्+क्त) गृहीतः विलासः प्रसन्नता मनोरञ्जनं वा यस्मिन् धाम्नि तत् । विलासः- वि+लस्+घञ्।

(४) गम्भारी...............निकेतम् ।

गम्भारीवृक्षाणां शुभसालहरितवनानां शुभसालैः मङ्गलमय-शोभनसालवृक्षैः हरितवनानां श्यामलवनानां सेवनेन (सेव्+ल्युट्) उपभोगेन चञ्चलः वातः यस्मिन् धाम्नि तत् । छनन..........निकेतम्- छननक-शाक-सुकेन्दुक-काम्बोजिवृक्षाणां हितः अनुकूलः निकेतः (निकेतति निवसति अस्मिन् नि+कित्+घञ्) निवासः यस्मिन् धाम्नि तत् । छननकः- छनन+स्वार्थे कन् । सुकेन्दुकः - शोभनः केन्दुकः तन्नामधेयः वृक्षविशेषः । गर्जनः- अश्वकर्णवृक्षः।

(५) अभ्रितचित्रक................विहारम् ।

अभ्रितचित्रक-कासर-गिब्बन-वानराणां वन्यपशूनां धावनेन इतस्ततः पलायनेन भ्रमणेन वा घोरं भयङ्करं यद्धाम तत् । व्याघ्रविशङ्कित......... विहारम्- व्याघ्रैः विशङ्कितानां भयभीतानां भषनकुरङ्गम- सम्बर-हस्तिनां विहारः भ्रमणं यस्मिन् धाम्नि तत् ।

(६) श्येन......................गानम् ।

श्येन–कलिङ्ग–शतच्छद–वर्तक–हरितकपोतादीनां पक्षिणां गतेन गमनेन विहारेण भानं दीप्तिः प्रत्यक्षज्ञानं वा लभ्यते यस्मिन् धाम्नि तत् । कङ्क........ गानम् – कङ्क–करण्डव–सारस–कोकिल–काञ्चन–पक्षिणां गगनगगानं गगनगतेन आकाशमुड्डयनेन गानं सङ्गीतं सुखरितकलरवः यस्मिन् धाम्नि तत् ।

(७) नागेश्वर..........निवासम् ।

नागेश्वर–शुभपारिजातक–कैरव–पाटल–पुष्पाणां वासः सुगन्धिः सौरभं वा यस्मिन् धाम्नि तत् । (पुनः) हल्लक–कुवलय–रङ्गविविधसुमैः कुसुमैः कमलैः कमलपुष्पैश्च सुगन्धिनिवासः सुरभिनिवासः वासस्थानं यस्मिन् धम्नि तत् । शुभपारिसुजातकम्– शुभं च तत् पारिजातं परिजात + स्वार्थे – कन् । परिजातस्थाने परिसुजातकप्रयोगः अभिलषितः कविना छन्दोऽनुरोधात् । रङ्गेषु विविधानि सुमानि कुसुमानि तैः ।

(८) हस्त.............भासम् ।

हस्ताभ्यां विनिर्मितानां वंशजानां वेणुभ्यः जातानां तान्तवानां तन्तुसमवायेभ्यः प्रस्तुतानां सौचिकानां सूचीभिः सेवनीभिः वा विनिर्मितानां शिल्पानां (शिल्+पक्) कारुकलानां निर्माणकुशलतायाः विदग्धतायाः वा निवेशः (नि+विश्+घञ्) रक्षणस्थानं यस्मिन् धाम्नि तत् । (पुनः) विविधशोभनसंस्कृतिभ्यः नृत्यकलाभ्यश्च उदितानां जातानां समुत्थितानां सम्मतानां सम्मानितानां सहमतानाम् आदृतानां वा मानवानां भासः (भास्+भावे घञ्) प्रकाशः कान्तिः वा यस्मिन् धाम्नि तत् ।

सप्तदशः सर्गः

नागाधामशोभनगानम्

---

(१) नागास्थानं..........निधानम् ।

मानवमानितशोभनपावनतीर्थं नागास्थानं तु भारतभावनिधानम् अस्ति । अयि तदुन्नतधाम ! चिरं जय जय । मानवमानितं मानवानां मानितं सम्मानितं

शोभनपावनतीर्थं शोभनं पावनं च तत्तीर्थं बहुविधजनानां पवित्रमिलनक्षेत्रं नागास्थानं नागानां पावननिवासस्थानं तु (निश्चयात्मकमव्ययम्) नूनं भारतभावनिधानं भारतवर्षस्य भावस्य (भू+भावे घञ्) अस्तित्वस्य दिव्यभावनायाः वा निधानं कोषागारमस्ति। अयि तदुन्नतधाम ! (त्वं) चिरं यथा स्यात् तथा जय जय सर्वदा सर्वत्र च विजयं लभस्व इत्यर्थः ।

(२) नागा..................भासम् ।

नागाशैलसरामति–पटकइ–मोलेन्–गिरिकुलानां वासः निवासस्थानं यस्मिन् धाम्नि तत् । पौना–पुम्खुम्–शैलकुलैः तत्तन्नामधेयैः पर्वतराजिभिः आगतः प्राप्तः विस्मयशोभनभासः विस्मयेन शोभनकान्तिः यस्मिन् धाम्नि तत् । नागाशैलसरामतिः– नागापर्वतमालासु सरामति–नामधेयः उत्तुङ्गशिखरः ।

(३) दोयं..............विकासम् ।

दोयं–धनशिरि–मिलक–बराक–दिखू–नदीनां जलैः कृता निष्पादिता फलिताभा पुष्पफलभरेण प्रकाशमाना आभा यस्मिन् धाम्नि तत् । झांजी–जुन्गुकी–तिजु–कुशियार–नदीनां सुसिञ्चनेन शोभनजल–वितरणेन शोभनजलधाराप्लावनेन वा विहितः सम्पादितः विकासः यस्मिन् धाम्नि तत् ।

(४) प्रबदर.............कुञ्जम् ।

प्रबदर–मेपल–सैंहल–पिप्पल–भुर्ज–अदल–तरूणां पुञ्जः समूहः यस्मिन् धाम्नि तत् । (पुनः) होलङ्ग–एल्डर–पाइनकाननैः शल्मलैः शाल्मलकाननैश्च विहिताः निकुञ्जाः लतादिपिहितोदरतरुच्छायासु स्वतः निर्मितानि आश्रयस्थानानि यस्मिन् धाम्नि तत् । 'निकुञ्ज–कुञ्जौ वा क्लीवे लतादिपिहितोदरे' इत्यमरः ।

(५) व्याघ्रक...........विहारम् ।

व्याघ्रक–जम्बुक–भल्लुक–कासर–वानराणां धावनेन घोरं भयङ्करं यत् धाम तत् । वनगज–सम्बर–भषनकुरङ्गम–सुगवयैः कलितः गृहीतः विहारः निवास–भ्रमणस्थानं यस्मिन् धाम्नि तत् । व्याघ्रकः= व्याघ्र+स्वार्थे कन् । वनगजः – वनस्थगजः । सुगवयः = सु शोभनः गवयः । गोसदृशो गवयः 'गयल' इति भाषायाम् ।

(६) ब्लाइदवीजन............गानम् ।

ब्लाइदबीजन–कपिशकलिङ्ग–शतच्छदनामधेयैः पक्षिविशेषैः कृतकलयानं कृतं सम्पादितं कलयानं कलेन मधुरास्फुट–ध्वनिना कलरवैः वा यानं (या+ल्युट्) गमनम् उड्डीनं यस्मिन् धाम्नि तत् । (पुनः) श्रुतशुभचातकानां तित्तिराणां हरितकपोतानां च गगनभरम् आकाशपरिपूर्णं गानं गायनं कलनादेन सङ्गीतमयतानो वा यस्मिन् धाम्नि तत् । श्रुतशुभचातकः – विख्यातमङ्गलमयपक्षिविशेषः ।

(७) आर्कड...........रूपम् ।

आर्कड–मल्लि–सुवञ्चला–आन्थ्युरियम्–लिलियम्–पुष्पाणां स्फुरिता आभा देदीप्यमाना कान्तिः यस्मिन् धाम्नि तत् । (पुनः) कुरुवक–चम्पक–भण्डा–पाटल–जेरियम्–पुष्पाणाम् अमलिनरूपं प्रभाभररूपं (शोभा) यस्मिन् धाम्नि तत् । सुवञ्चलिका–सुवञ्चला+कन्+टाप्, इत्वम् ।

(८) उत्सवमय..................भारतमानम् ।

उत्सवमयजन–सुन्दरजीवन–नर्तन–वादन–गानम्– उत्सवमय–जनानाम् आमोद–प्रमोदभरजनानां सुन्दरजीवनस्य शोभमानजीवनस्य नर्तन–वादन–गानं नृत्यं वाद्यजातं गानं गायनं च यस्मिन् धाम्नि तत्। अत्र जनाः उत्सवप्रियाः । ते नर्तन–वादन–गानैः स्वकीयं जीवनं सङ्गीतमयं कृत्वा शोभामयं स्वाभाविकं जीवनं यापयन्ति इति अर्थः। (पुनः) सौचिक–तान्तव–तक्षणशिल्पकलोदित–भारतमानम्– सौचिकाभिः सूचीविनिर्मिताभिः वा तान्तवकलाभिः तन्तुसमवायैः निर्मित–कलाभिः इति वस्त्रनिर्माणकलादिभिः पुनः तक्षणशिल्पकलाभिः काष्ठादिषु खोदितकारुकलाभिः उदितः समुदितः विकसितः भारतस्य मानः (मन्+घञ्) सम्मानः आदरो वा यस्मिन् धाम्नि तत् । उत्सवमय= उद्+सू+अप्+मयट् ।

अष्टादशः सर्गः

पञ्जावधामगानम्

---

(१) पञ्जावं.................भावनिधानम् ।

शोभनमानवपावनधाम पञ्जावं नः सुतीर्थं तु भारतभावनिधानम् अस्ति।

अयि तत् उन्नतधाम ! (त्वं) चिरं जय जय । शोभनमानव-पावनधाम शोभनानां सदाचारिणां पुण्यात्मनां वा मानवानां पावनधाम पवित्रनिवासस्थानं पञ्चावं तन्नामधेयं धाम नः अस्माकं सर्वेषां सुतीर्थं सुन्दरमिलनक्षेत्रं तु (निश्चयात्मकमव्ययम्) नूनं भारतभावनिधानं भारतस्य भारतवर्षस्य भावस्य (भू+भावे घञ्) अस्तित्वस्य शोभनचिन्तनस्य दिव्यभावनायाः वा निधानं (नि+धा-ल्युट्) कोषागारम् अस्ति । अयि तदुन्नतधाम ! (त्वं) चिरं यथा स्यात् तथा जय जय । सर्वदा सर्वत्र विजयं लभस्व इत्यर्थः । 'स्युरेवं तु पुनर्वै वेत्यवधारणवाचकाः' इत्यमरः ।

(२) तुङ्गशिखर..............मधुकरयानम् ।

तुङ्गशिखरकुलैः पर्वतानामत्युन्नतचूडाभागैः रञ्जितभूधराणां शोभितानां पर्वतानां चुम्बितगगनवितानम्- चुम्बितः गगनवितानः गगनमेव वितानः चन्द्रातपः यथोच्चमावरणं वा यस्मिन् धाम्नि तत्। (पुनः) मन्दसमीरणशिञ्जितवनभुवि-मन्दसमीरणेन मन्दमरुतेन शिञ्जिता शब्दायमाना वनभूः वनभूमिः तस्यां गुञ्जितमधुकरयानं - गुञ्जितानां शब्दायमानानां मधुकराणां भ्रमराणां यानं (या+ल्युट्)गमनं यस्मिन् धाम्नि तत् ।

(३) झेलमनद्याः..............तीरम् ।

झेलमनद्याः रावीनद्याः उत्कलभरचेनाव्नद्याः उद्गतास्फुट-मधुरध्वनिपरिपूरितायाः चेनावनामधेयया नद्याः च संसृतजलं निसृतजलं प्रवाहितजलम् अनुकूलं हितकरं यस्मिन् धाम्नि तत् । (पुनः) व्यासनद्याः तरङ्गेषु ऊर्मिषु सुसङ्गतैः सतलुजवारिभिः जातं फेनिलतीरं फेनायमानं तटं यस्मिन् धाम्नि तत् ।

(४) नन्दिक...............वातम् ।

नन्दिक-निम्ब-रसाल-वट-वदर-देवदारुनामधेयानां तरूणां निवासः वासस्थानं यस्मिन् धाम्नि तत् । पुनः अक्षोट-अर्जुन-पिप्पल-कक्कर-शाकनामधेयैः तरुभिः सृष्टानां निर्मितानां वा हरितवनानां श्यामलकाननानां वातः पवनः यस्मिन् धाम्नि तत् ।

(५) कृष्णहरिण............दावम् ।

कृष्णहरिण–शश–भषनकुरङ्गम–सम्बरनामधेयानां वनपशूनां रम्यः विहारः रमणीयभ्रमणस्थानं यस्मिन् धाम्नि तत् । पुनः चित्रक–खिंकर–शल्लक–भल्लुक–कासरप्रभृतीनां हिंस्रजन्तूनां विलसितमादृतं दावं वनं यस्मिन् धाम्नि तत् ।

(६) बाजमयूर.................विरावम् ।

बाज–मयूर–चटक–बक–तित्तिर–कोकिलनामधेयानां पक्षिणां चुंकृतनादः चुं चुमिति कलननिनादः यस्मिन् धाम्नि तत् । हंस–कलिङ्ग–करण्डव–सारस–काञ्चनप्रभृतिभिः पक्षिभिः विहितः सम्पादितः विरावः कलरवः यस्मिन् धाम्नि तत् ।

(७) संयति............गानम् ।

संयति (संयत्+ङि) युद्धे संस्तुतवीरसुरैः प्रशंसितयोद्धृदेवैः (वीरश्चासौ सुरः देवः सूर्यः ज्ञानी वा) अर्चितगुरुकुलस्य पूजितगुरु–वंशस्य समूहस्य वा मञ्जुलं शोभनं दानं (दा+ल्युट्) समर्पणमुपहारो वा यत् धाम तत् । पुनः शत्रुविमर्दनेन शतृणां निपातनेन गौरववर्धनात् (गुरु+अण्) महत्त्ववर्धनात् सम्मानवर्धनाद् वा मानदानां सम्मानप्रदायकानां मानवानां योद्धृदेवानां गानं गीतं सङ्गीतं वा यस्मिन् धाम्नि तत् ।

(८) फुलकरि............तानम् ।

तत्र विशेषसंस्कृतिभासमुपस्थापयति कविः । फुलकरिकार्मिक–वस्त्रकलानां पुलकरि–नामधेयानां वस्त्राणामुपरि सूचीनिर्मितचित्र–कलानाम् अथवा सीवनचित्रसंयोजन–निर्माणकलानां (पुनः) शुभचौक–सुचित्रविधानं च मङ्गलमयानां प्रशंसितानां चौकनामधेयानां शस्यगुण्डैः भूतलचित्रणकलानाम् अथवा गृहभित्तिषु वर्णमृत्तिका–चित्रनिर्माणकलानां च विधानं सम्पादनं यस्मिन् धाम्नि तत् । पुनः लोकपरायण–संस्कृतिषु सर्वजनादृतसंस्कारेषु सम्मतः सम्मानितः भाङ्ग्रानर्तनतानः भाङ्ग्रा–नामधेयस्य नृत्यस्य तानः उत्कर्षगानानन्द–लाभाय प्रयुक्तः स्वरविरतिविशेषः यस्मिन् धाम्नि तत् ।

ऊनविंशः सर्गः
बाङ्ग्लाधामगानम्

(१) वीराणां ....निधानम् ।

वीराणां शूराणां वीरमानवानां वा श्रुतबङ्गभुवनं श्रुतं प्रसिद्धं विख्यातं वा तत् बङ्गभुवनं तन्नामधेयं शोभनं निवासस्थानम् इह अस्मिन् भारतवर्षे मानवपावनतीर्थं मानवानां पावनतीर्थं पवित्रमिलनक्षेत्रम् अस्ति । भारतभावनिधानं तु तत् बाङ्ग्लाधाम । भारतस्य भावस्य (भू+घञ्) अस्तित्वस्य शुभचिन्तनस्य दिव्यभावनायाः वा निधानं कोषागारं तु (निश्चयात्मकमव्ययपदम्) नूनं तत् बाङ्ग्लाधाम बाङ्ग्लाभाषाभाषिणां पवित्रनिवासस्थानम् । अयि पावनं धाम ! (त्वं) भुवि पृथिव्यां जय जय सर्वत्र सर्वदा विजयं लभस्व इति अर्थः ।

(२) गङ्गा..........पुनर्भविकाभम् ।

गङ्गा–तिष्टा–मेघ्ना–पद्मा–सुवर्णरेखानामधेयाभिः नदीभिः परिपूतं परि समन्तात् पूतं पवित्रीकृतं यत् बाङ्ग्लाधाम तत् । (पुनः) ब्रह्मपुत्र–अञ्जन–भैरव–यमुना–दामोदर–पुनर्भवाप्रभृतीनां नदीनाम् आभा नित्यप्रवहमाना कान्तिः यस्मिन् धाम्नि तत् । स्वर्णरखा–ब्रह्मपुत–पदद्वयस्य ग्रहणं छन्दोऽनुरोधात् । दामोदर स्थानेऽपि दाम–इत्यर्धनाम–ग्रहणम्– 'नामग्रहण–नामैकदेशग्रहणं यथा देवदत्तः दत्तः' । यामुन= यमुना+अण् । पुनर्भविका= पुनर्भवा+कन् (स्वार्थे)+टाप्, इत्वम् ।

(३) पञ्चेच्........शोभम् ।

पञ्चेट्–सिञ्चुल–दार्जिलिं–सुसुनिय–चोल–शिलोच्चयाः पर्वतमालाः यस्य धाम्नः नाभिः नाभिकल्पं केन्द्रस्थलं वा तत् । पुनः मुकुटमणीपुर– घुंगिरि–टाइगर–गिरिगणानां शिखराणां चूडानां वा शोभा यस्मिन् धाम्नि तत् । अत्र दार्जिल–पदप्रयोगात् दार्जिलिं– कुरसें पर्वतमाला इति अवबुध्यते ।

(४) घनवन..............रासम् ।

घनवनस्य अभेद्यकाननस्थितस्य सम्बर–चित्रक–मेचक–भल्लुक–कुञ्जरादिवन्यपशुसमूहस्य वासः निवासस्थानं यस्मिन् धाम्नि तत् । पुनः व्याघ्रविराजितस्य शोभमानस्य उपस्थितस्य वा सुन्दरवनभुवि सुन्दरनामधेयस्य

वनस्य भुवि भूमौ भूमिभागे लम्फन-लंघन-रासः लम्फनस्य (लम्फ्+ल्युट्= लम्फनम्) उत्प्लवनस्य लंघनस्य (लंघ्+ल्युट्) आक्रमणस्य च रासः गर्जनध्वनिः यस्मिन् धाम्नि तत्।

(५) सारस..............कोकिलरागम्।

सारस-हंस-मरालादिभिः विभिः पक्षिभिः सह शोभितानां पीतलहरितकपोतानां समवायैः शोभितं यत् धाम तत् । पुनः चुंकृत-खञ्जनैः चुंचुमिति शब्दायमानैः खञ्जनपक्षिभिः मधुकरगुञ्जनैः मधुकराणां भ्रमराणां गुञ्जनैः च सह मिश्रितः कोकिलरागः कोकिलानां सुमधुरस्वरः यस्मिन् धाम्नि तत् ।

(६) पूगरसाल...............सुवेशम् ।

पूग-रसाल-सदाफल-निम्ब-पनसतरूणां वासेन निवासेन विकासः उन्नतिः यस्मिन् धाम्नि तत् । पुनः पिप्पल-शारद-लाङ्गलि-वृक्षैः सङ्गतानां समुपस्थितानां केसरतालादिवृक्षाणां सुवेशः शोभन-परिधानरमणीयता यस्य धाम्नः तत् । रसालः आम्रः, सदाफलः विल्वः, शारदः सप्तपर्णिवृक्षः, लाङ्गली(लिः) नारिकेलः नालिकेरो वा । 'सप्तपर्णी विशालत्वक् शारदो विषमच्छदः' इत्यमरः । 'पारिभद्रो निम्बतरुर्मन्दारपारिजातकः' इत्यमरः । केसरः पुन्नागवृक्षः । 'पुन्नागे पुरुषस्तुङ्गः केसरो देववल्लभः' इत्यमरः ।

(७) ऊर्मिकुलाकुल..........विसारम् ।

ऊर्मिकुलैः तरङ्गराजिभिः आकुलस्य (आ+कुल्+क) प्रभावितस्य जलनिधेः समुद्रस्य बङ्गोपसागरस्य वा सिञ्चनेन शीकरेण समुदितं विकसितं तीरं तीरप्रदेशः यस्मिन् धाम्नि तत् । पुनः श्यामल-शाद्वलैः हरिद्वर्णतृणाच्छन्नभूमिभागैः सालवनावलिभिः सालवन-समूहैश्च साधितः विहितः रम्यविसारः (वि+सृ+घञ्) रमणीयविस्तारः यस्मिन् धाम्नि तत् ।

(८) वन्दित.............भवतानाम् ।

वन्दितगुरुकुलानां पूजिगुरुवंशानां शास्त्रेषु (शिष्यतेऽनेन= शास् +ष्ट्रन्) समादेशेषु धार्मिकग्रन्थेषु वा समर्पितानां प्रदत्तधियां विश्वस्तानां वा मञ्जुलगानं सुशोभनं गानं यस्मिन् धाम्नि तत् । पुनः स्थपतीनां निर्माणशिल्पिनां कलाकृतिभिः

संस्तुतासु प्रशंसितासु संस्कृतिषु संस्कार–शोभासु गुम्फितः (गुम्फ्+क्त) ग्रथितः नवभवतानः नवीनजीवनस्य नवीनसमृद्धेः नवीनसांसारिकास्तित्वस्य वा तानः (तन्+घञ्) उत्कर्ष–गानानन्दः उत्कर्षगानानन्दलाभाय प्रयुक्तः स्वरविरतिविशेषो वा यस्मिन् धाम्नि तत् बाङ्ग्लाधाम इत्यर्थः ।

विंशः सर्गः

विहारधामगानम्

(१) सर्वेषां नो............पावनतीर्थम् ।

भारतभावनिधानं बिहारं धाम नः सर्वेषां देवभुवनमिव शोभन–पावनतीर्थमस्ति । अयि पावनं धाम ! (त्वं) भुवि (चिरं) जय जय जय । भारतस्य भारतवर्षस्य भावस्य शुभचिन्तनस्य दिव्यभावनायाः वा निधानं कोषागारं बिहारं धाम तन्नामधेयमतिपवित्रनिवासस्थानं नः अस्माकं सर्वेषां देवभुवनमिव स्वर्ग इव शोभमानं पावनतीर्थं मानवानां भारतीयानामतिपवित्रमिलनक्षेत्रमस्ति । अयि तत् पावनं धाम ! (त्वं) भुवि पृथिव्यां (चिरं) जय जय जय । भुवनत्रये कालत्रये च विजयं लभस्व इति अर्थः ।

(२) पारस............ममलिनरूपम् ।

पारसनाथक–कैमुर–वर्वर–मन्दर–राज्गिरि–नामधेया पर्वतमाला नाभिः सुदृढकेन्द्रस्थलं यस्य धाम्नः तत् । पुनः नानक–लक्ष्मणकुण्डादि–नामधेयानां निर्झरवारिणाम् उष्णप्रस्रवणानां वा निपातितं (नि+पत्+णिच्+क्त) सृतजलम् अविरतनिर्गतवारि अमलिन–रूपमतिपवित्ररूपं यथा स्यात् तथा तस्मिन् धाम्नि विद्यते इत्यर्थः । बहुनि शोभाविधायकानि उष्णप्रस्रवणानि तत्र विद्यमानानि सन्ति । तानि सत्धरकुण्ड–सूर्यकुण्ड–मखदुंकुण्ड–गोमुखकुण्ड–सीताकुण्ड–ऋषिकुण्ड–नामधेयानि इति । पारसनाथकः= पारसनाथ+स्वार्थे कन्।

(३) गङ्गे................शान्तम् ।

उदात्तकण्ठेन सम्बोधयति कविः – अयि गङ्गे ! कोशे ! वाग्मति ! फल्गुशुभे ! (फल्गुः च सा शुभा सम्बोधने) भवदुदपरिपूतं भवतीनां वारिभिः परिपूतं

सर्वत्र पवित्रीकृमेतद्धाम इति । पुनः घाग्रा–करमनसा–कमला–अजय–धधरनामधेयानां नदीनां पयोभरेण जलप्राचुर्येण शान्तं फलपुष्पभरेण मनोरमं यद्धाम तत् । विहारधाम नदीमातृकमित्यर्थभानम् ।

(४) व्याघ्रकः..........विहारम् ।

व्याघ्र–चित्रक–चित्रल–भल्लुक–कासर–वृकैरध्युषितं वनं घोरं भयङ्करं यस्मिन् धाम्नि तत् । व्याघ्रकः= व्याघ्र+स्वार्थे कन् । पुनरपि काञ्चन–सारस–चटक–करण्डवानां पक्षिणां काकलि–कलित–विहारः काकलिभिः कलरवैः कलितः (कल्+क्त) गृहीतः विहारः (वि+हृ+घञ्) विलासः मनोरञ्जनं भ्रमणं वा यस्मिन् धाम्नि तत् ।

(५) आम्र...........विभासम् ।

आम्र–विभीतक–पिप्पल–खर्जूर–ताल–लिचेय–नामधेयानां वृक्षाणां निवासः यस्मिन् धाम्नि तत् । पुनः लाङ्गलिक–अर्जुन–केन्दु–वट–वृक्षाणाम् आश्रितेन उपस्थितेन विरचितः निष्पादितः विविधविभासः बहुविधकान्तिः दीप्तिः वा यस्मिन् धाम्नि तत् । बहुविधवनोपवनैः श्यामलशोभाभरं विहारधाम इत्यर्थभानम् । लाङ्गलिकः= लाङ्गलि(ली)+स्वार्थे कन् ।

(६) मल्लि............रागम् ।

मल्लि–सुवंचला–कैरव–पाटलपुष्पाणां सौरभलाभः प्रस्फुटन–सुरभिलाभः यस्मिन् धाम्नि तत् । सुवंचलिकासुमम्– (सुवञ्चला+स्वार्थे कन्+टाप्, इत्वम्) सुवञ्चलिकानामधेयं सुमं कुसुमम् । पुनः काचनर–किंशुक–फुल्लमहोत्पलपुष्पाणां काञ्चन–हरित–परागः सुवर्णहरिद्वर्ण–रागः परागः पुष्परजः यस्मिन् धाम्नि तत् । फुल्लमहोत्पलम्– फुल्लं प्रस्फुटितं महोत्पलं पद्मम् ।

(७) भोजपुराङ्ग...............विहारम् ।

भोजपुर–अङ्ग–मगध–मिथिलादिभ्यः प्रशासनिकराज्य–खण्डेभ्यः गतस्य प्राप्तस्य लिच्छविसाम्राज्यस्य तन्नामधेयातिप्राचीन–प्रशासनमण्डलस्य सारः यस्मिन् धाम्नि तत् । पुनः मौर्यजस्य मौर्यसाम्राज्यजातस्य गुप्तजस्य

गुप्तसाम्राज्यजातस्य च शासनसौरभस्य विकसितं समुन्नतं धाम स्थानं बिहारं बिहारराज्यमिति। प्रायतः ४००-७५० तमे ख्रीष्टपूर्वाब्दे कालखण्डे जाता लिच्छविसाम्राज्यसंस्कृतिः बिहारधामसंपृक्ताऽतिप्राचीना इति।

(८) वैदिक...............गौरवगानम् ।

वैदिक-जैन-सुसौगत-दर्शनैः (दर्श+ल्युट्= दर्शनम्) निरीक्षणैः प्रत्यक्षज्ञानैः वा पुष्पितं प्रस्फुटितं समुदितं वा मनुजविधानं मनुजानां मनुजातानां मानवानां विधानम् अनुष्ठानं यत् धाम तत् । पुनः विश्वविदितगुरूणां विश्वविश्रुताचार्याणां सृष्टकलादिभिः निर्मित-कलाप्रभृतिभिः प्रस्तुतकलादिभिः जातकलादिभिः वास्तुकला-खोदनकला-वयनकला-चारुचित्रकलादिभिः अथवा शास्त्रविदित-चतुःषष्टिकलाभिः उद्गतं समुदितं गौरवगानं भारतवर्षस्य गौरवस्य महत्त्वस्य वा गानं यस्मिन् धाम्नि तत् बिहारधाम इति ।

एकविंशः सर्गः
मणिपुरधामगानम्

---

(१) देवानां...........भावनिधानम् ।

देवानां देवतानां देवतासम्बन्धिभूभारतं भूश्चासौ भारतं तं शुभमणिपुरतीर्थं शुभं मङ्गलमयं शोभनं च मणिपुरतीर्थं तन्नामधेयं भारतीयानां पवित्रमिलनक्षेत्रम् उपगतं समीपागतं वा अतीवादरणीय-मस्ति। भुवि अस्यां पृथिव्यां भारतभावनिधानं भारतवर्षस्य भावस्य (भू+घञ्) अस्तित्वस्य शोभनचिन्तनस्य दिव्यभावनायाः वा निधानं कोषागारं तु मणिपुरधाम तन्नामधेयं पवित्रनिवासस्थानमिति । अयि तत् पावनं धाम ! (त्वं) जय जय जय । भुवनत्रये कालत्रये च विजयं लभस्व इति अर्थः । तु - निश्चयात्मकमव्ययपदम् ।

(२) तेन्पू.................कृतरागम् ।

तेन्पू-ताम्पव-कौबरकादिभ्यः गतेभ्यः प्राप्तेभ्यः शैलेभ्यः पर्वतेभ्यः प्राचीरकल्पेभ्यः जातं दुर्गं विशालं (वि+शालच्) विस्तृतं यस्य धाम्नः तत्। पुनः निर्मलं सुन्दरं च तत् नीलगगनम् आकाशः तस्य तले अधोभूमिभागे

मन्दमरुतेन समीरणेन कृतः रागः (रञ्ज्+भावे घञ्) आनन्दः सङ्गीतस्वरग्रामो वा यस्मिन् धाम्नि तत् । कौबरक–कौबर+स्वार्थे कन्, नदीविशेषः ।

(३) इम्फाल................कलहासम् ।

इम्फाल–मणिपुर–इरिल–नम्बुल–जीरि–बराकनामधेयानां नदीनां जलैः सुपूतं पवित्रं शस्यश्यामलं फलभरं वा यत् धाम तत् । खूगा–थौवल–तुइथनदीनां स्रोतस्विनीनां सलिलैः कृतः मन्दमधुर–कलहासः मृदुमधुरास्पष्टस्वरभरः हासः (हस्+घञ्) कलकलनादानन्दो वा यस्मिन् धाम्नि तत् । मणिपुरधाम नदीमातृकमिति अर्थभानम् ।

(४) बोन्सम्................मृदुगानम् ।

बोन्सम्–मुन्–वंश–अम्बुज–बर्बुर–शाकतरूणां हितस्य अनुकूलस्य निधानं (नि+धा+ल्युट्) निर्धारितस्थानं सुरक्षितस्थानं वा यत् धाम तत् । पुनः श्यामलशाद्वलैः ल्युजन–पाइन–काननैश्च कलितं गृहीतमादृतं वा विधानं क्रमव्यवस्थितविकासानुष्ठानं यस्मिन् धाम्नि तत् । वंशः वेणुः, अम्बुजः सिन्दूरवृक्षः ओक्ट्रि वा, बर्बुरः (खदिरः) बबूल–वृक्षः इति भाषायां, शाकतरुः टिक्–ट्रि इति आंग्लभाषायां, ल्युजनपाइनः देवदारुवृक्षविशेषः इति ।

(५) भ्रूशृङ्गिहरिण................घोरम् ।

भ्रूशृङ्गिहरिण–गण्ड–गवय–वनकासर–हस्तिनां वनपशूनां विहारः विलासः भ्रमणं वा यस्मिन् धाम्नि तत् । शार्दूल–अभ्रितचित्रक–मेचकभल्लुकानां वन्यहिंस्रजन्तूनां विचरणं भ्रमणं घोरं भयङ्करं यस्मिन् धाम्नि तत् । विविधवन्यपशुविराजितं घोरमरण्यं मणिपुरधाम्नः मणिपुरराज्यस्य शोभाविधायकमिति ।

(६) नङ्गियतित्तिर.............विरावम् ।

नङ्गियतित्तिर–श्येन–तनुकशुक–वर्तक–हरितकपोतानां पक्षिणां शोभनं शोभमानं निवासस्थानं यत् धाम तत् । हंस–कलिङ्ग–करण्डव–चटक–शतच्छदादिनामधेयैः विहङ्गमैः विहितः नित्यं निष्पादितः विरावः कलरवः यस्मिन् धाम्नि तत् । नङ्गियतित्तिरः–नङ्ग्–इन्–नामधेयः मणिपुरस्य

घोषितराजपक्षी तत्र उर्खुल्मण्डले उपलभ्यते ह्युम्स् फिजाण्ट्नाम्ना ख्यातश्च अस्ति ।

(७) कुवलय.................चारुविभासम् ।

कुवलय-कैरव-पाटल-मणिपुरचम्पक-पुष्पाणां प्रस्फुटनैः सौरभवासः सुगन्धिवासो निवासस्थानं वा यस्मिन् धाम्नि तत् । मल्लिकया मल्लिपुष्पनिचयेन स्मितसंधिजया ईषद्विकसितसन्धिजा-पुष्पनिचयेन च सृतः विस्तृतः अविहितचारुविभासः अनाहतरणीया कान्तिः यस्य धाम्नः तत् । 'स्यादुत्पलं कुवलयम्' इत्यमरः । कुवलयं कुमुदपुष्पम् । कैरवम्-सितोत्पलम् । 'सिते कुमुदकैरवे' इत्यमरः ।

(८) नृत्यकला................गोपनरत्नम् ।।

नृत्यकलाभिः मणिपुरिनृत्यकलादिभिः शुभचारुकलाभिः रमणीयजनप्रियचित्रकलादिभिः च उदिता जाता भारतस्य मणिनिभा मणिसदृशा दीप्तिः कान्तिः यस्य धाम्नः तत् । पुनरपि प्लुतानां भासमानानां वनानाम् उपवनानां राजिषु भासमानद्वीपोपवनराजिषु वा शोभितः लोक्तकह्रदः शुभगोपनरत्नम् अनुकूलरमणीयं गोपनरत्नाभूषणं यस्य धाम्नः तत् । मणिपुरधाम इत्यर्थः । तरुलतागुल्मादीनां विलयेन विनिर्मिताः भासमानद्वीपाः अस्मिन् भारतभूखण्डे अत्रैव लोक्तकनामधेये अतिविस्तृतरमणीये ह्रदे दृश्यन्ते ।

द्वाविंशः सर्गः

मध्यभुवनगानम् अथवा मध्यप्रदेशगानम्

(१) सर्वेषां.....................भावनिधानम् ।

सर्वेषां नः अस्माकं स्वर्निभभारतमध्यभुवनम् स्वर्निभं (स्वः+निभ) स्वर्गसदृशं भारतस्य मध्यभागस्थितनिवासस्थानम् अतिशोभमतिरमणीयमस्ति । भारतभावनिधानं तु तत् पावनधाम- भारतस्य भावस्य (भू+घञ्) अस्तित्वस्य दिव्यशोभनभावनायाः वा निधानं कोषाकारं तु (निश्चयात्मकमव्ययम्) नूनं तत् पवित्रधाम अस्ति । अयि पावनधाम ! (त्वं) भुवि पृथिव्यां जय जय सर्वदा विजयं लभस्व इत्यर्थः ।

(२) विन्ध्यग................पर्वतदेशम् ।

विन्ध्यगगिरिकुलैः विन्ध्यपर्वतमालागतैः स्थितैः गिरिराजिभिः धूपगडादिशिखरैः धूपगडादिपर्वतराजीनां चूडाभागैः परिरम्भितः वेशः निवासस्थानं मध्यप्रदेशनामधेयं मध्यभुवननामधेयं वा यस्मिन् भूमिभागे पावनधाम्नि तत् । पुनः दोलितैः आकाशाद्विलम्बितैः मेघैः घनैः विचुम्बितः विशेषं चुम्बितः तेन च पुलकितः रोमाञ्चितः फलभरपर्वत–देशः फलपरिपूर्णपर्वतभूमिभागः अथवा फलपरिपूर्णपर्वतमयभूमिभागः यस्मिन् भुवने पावनधाम्नि वा तत् ।

(३) छम्बल..................तटममिताभम् ।

छम्बल–ताप्ति–धशन–महि–सोन–महासरित्(महानदी) इति नामधेयानां स्रोतस्विनीनाम् अमृतलाभः जललाभः जलप्राप्तिर्वा यस्मिन् भुवने पावनधाम्नि तत् । सरित् नदीनाम । 'अथ नदी सरित्' इत्यमरः। महानदीस्थाने 'महासरित्'–पदप्रयोगः छन्दोऽनुरोधात् । नर्मदया नर्मदानद्या रेवानद्या वा पुनः वेत्रवतीपयसा वेत्रवतीनदीजलेन च भरतटं भरं (भृ+अच्)धारितं परिपोषितं वा तटं तटस्थानम् (तटप्रदेशः) अमिताभम् असीमशोभाभरं यस्मिन् धाम्नि तत् । 'पयः कीलालममृतं जीवनं भुवनं वनम्' इत्यमरः ।

(४) आम्रविभीतक.................निजगीतम् ।

आम्र–विभीतक–पिप्पल–शाल्मल–वटतरु–चन्दनवनानां वातः अथवा एतद्वनानां सम्पर्केण सौरभभरो मनोरमः वातः यस्मिन् भुवने पावनधाम्नि तत् । पुनरत्र काननं सर्वदा गीतरागभरमिति कविना उत्प्रेक्षते– नीडग–खगशिशु–कलनदकाननं नीडगानां कुलायस्थितानां खगशिशूनाम् अण्डजानां कलनदकाननम् अस्फुटमधुरध्वनिभरं काननं निजगीतम् आश्रितम् इव । पक्षिणां काकलिभिः गीतरागभरं काननं तेषां निर्भयनिवासस्थानमिति अर्थः प्रतीयते । पुनः भारतस्य मध्यभुवनं स्वकीयं गीतं गायति आनन्दं चानुभवतीति अर्थाभासः ।

(५) वारहशृङ्गक...............वनमतिघोरम् ।

वारहशृङ्गक–कासर–चित्रल–नीलगवयानां तृणभोजिनां पशूनां विहारः विलासः विचरणं वा यस्मिन् भुवने पावनधाम्नि तत् । व्याघ्रवृकाकुलं व्याघ्रवृकैः आकुलं

परिपूर्णं पुनः शल्यक-चित्रक-खिंकरादीनां हिंस्रजन्तूनां निवासस्थानं वनम् अतिघोरमतीव भयङ्करं यस्मिन् भुवने धाम्नि वा तत् । गवयकः= गवय+स्वार्थे कन्। वारहसिंगा इति भाषायाम् ।

(६) क्रौञ्च-मयूर..................वैभवलाभम् ।

क्रौञ्च-मयूर-कलिङ्ग-कपोत-तित्तिर-नामधेयैः पक्षिभिः मुखरितं कलरवभरितं दावं वनं यस्मिन् धाम्नि तत् । पुनः गृध्र-लटूषक-चातक-कोकिलचटकादीनां वीनां पक्षिणां वैभवलाभः (विभु+अण्= वैभवम् । तस्य लाभः प्राप्तिः) महिमलाभो दीप्तिलाभो वा यस्मिन् भुवने तत् । कपोतकः = कपोत+स्वार्थे कन् । लटूषकः पक्षिविशेषः आंग्लभाषायाम् इण्डियान् रोलर् इत्यभिधीयते ।

(७) प्रस्फुटकिंशुक.............मधुपविभातम् ।

प्रस्फुट-किंशुक-पद्म-सुपाटल-जाम्भज-मातुलानां तत्तन्नामधेयानां पुष्पाणां जातम् (जन्+क्त) उद्गमनम् उत्पादनं वा यस्मिन् भुवने तत् । पुनः मल्लि-कुटजसुम-पारिजातेषु गुञ्जितानां मधुपानां भ्रमराणां विभातं प्रभातं यस्मिन् भुवने तत् । जाम्भजं नारङ्गीपुष्पम् आंग्लभाषायाम् अरेञ्जफ्लावार् इति कथ्यते, तदेव मध्यप्रदेशे उपलभ्यते । कुटजकुसुमं गिरिमल्लिका इति। मातुलं धत्तूरपुष्पम्-'उन्मतः कितवो धूर्त्तो धत्तूरः कनकाह्वयः । मातुलो मदनश्चास्य फले मातुलपुत्रकः' इत्यमरः । पारिजातकम्= पारिजात+स्वार्थे कन् । पारिसुजातकं - पदप्रयोगः छन्दोऽनुरोधात्।

(८) वैदिक-सौगत.............हृदयनिदेशम् ।

वैदिकानां वेदविदां सौगतानां बौद्धशास्त्रविदां जैनानां जैनशास्त्र-विदां च निदर्शनेन दृष्टान्तेन प्रमाणेन अन्तरीक्षणेन वा निर्मितासु कारुकलासु शिल्पिनां भास्वरकृतिषु अङ्कितं चिह्नितं रूपं सौन्दर्यं यस्मिन् भुवने तत् । पुनः एतत् शास्त्रग-गानविनोदनधाम - शास्त्रगतानां शास्त्रसम्बन्धितानां गानानां गीतानां विनोदनधाम आमोद-प्रमोद-निवास-स्थानं तु (निश्चयात्मकमव्ययम्) भारतहृदयनिदेशम् भारतवर्षहृदयस्य निदेशः (नि+दिश्+घञ्) अनुदेशः आज्ञा वर्णनं वा यस्मिन् धाम्नि तत् । एतत् शास्त्रगानानन्दमयं धाम भारतस्य हृदयवर्णनमिति अर्थभानम्।

त्रयोविंशः सर्गः

महाराष्ट्रगानम्

(१) सर्वेषां नो................भावनिधानम् ।

सर्वेषां नो दिव्यभुवनम् इव पावनशोभनतीर्थं महाराष्ट्रं धाम भुवि भारतभावनिधानम् अस्ति । अयि (तत् पावनं) धाम ! (त्वं) जय जय । अस्माकं सर्वेषां भारतीयानां दिव्यभुवनमिव स्वर्गीयनिवास-स्थानमिव पावनशोभनतीर्थं पवित्रशोभाभरमानवमिलनक्षेत्रं महाराष्ट्रं धाम तन्नामधेयं पावननिवासस्थानं भुवि पृथिव्यां भारतभावनिधानं भारतस्य भावस्य (भू+घञ्) अस्तित्वस्य शुभचिन्तनस्य दिव्यभावनायाः वा कोषागारम् अस्ति । अयि तत् पावनं धाम ! (त्वं) जय जय । सर्वदा सर्वत्र विजयं लभस्व इति अर्थः ।

(२) तुङ्गशिखरि...............वननिकुरम्बम् ।

तुङ्गशिखरिकुलेषु उन्नतपर्वतराजिषु सह्यकेषु सह्याद्रिगिरिराजिषु शोभनकोङ्कणेषु मनोरम-कोङ्कणगिरिराजिषु च गता प्राप्ता मधुरा आभा कान्तिः यस्मिन् धाम्नि तत् । पुनः आरवसागरस्य दीर्घतटं वेलाभाग-माश्रितानां सुनिविडवनानाम् अतिसान्द्रकाननानां निकुरम्बं समूहः यस्मिन् धाम्नि तत् । 'समूहो निवहव्यूहसन्दोहविसरव्रजाः । स्त्रियां तु संहतिर्वृन्दं निकुरम्बं कदम्बकम्' इत्यमरः ।

(३) तोर्णपुरन्दर..............गौरवगानम् ।

तोर्णपुरन्दर-सलहेर्-धोदप-राइगड-रतनगड-नामधेयानां पर्वतानां भानं (भा+ल्युट्) प्रकटनं प्रकाशः ज्ञानं वा यस्मिन् धाम्नि तत् । पुनः ब्रह्मशिलोच्चय (ब्रह्मगिरि)-घञ्चुकर-अञ्जनगिरिणां सृतं विस्तृतं गौरवगानं महत्त्वगानं यस्मिन् धाम्नि तत् । ब्रह्मशिलोचयः ब्रह्मगिरिनाम्ना अञ्जनगिरिः अञ्जनेरिनाम्ना च अभिधीयेते । एवमादिभिः गिरिभिः महाराष्ट्रप्रदेशः रमणीयः इति ।

(४) तापे रवे................पुञ्जम् ।

कविरुदात्तकण्ठेन सम्बोधयति तत्र प्रवाहिताः नदीः- अयि तापे ! रेवे ! इह अस्मिन् धाम्नि उपगतकुञ्जं समीपगतकुञ्जं सन्निकटस्थ-लतादि

पिहितोदरवृक्षवेश्म भवदनुमतं भवत्योः अनुमतं यथा स्यात् तथा सिञ्चितम् । जलकणाभिषिक्तमस्ति । पुनः अयि कृष्णे ! गोदे! (गोदावरि !) कुण्डलेके ! भवतीनां जलधाराभिः सम्भृतः वर्धितः उपवनपुञ्जः वृक्षवाटिका–समूहः यस्मिन् धाम्नि तत् । एतत् महाराष्ट्रधाम नदीमातृकमिति प्रतीयते ।

(५) हरितकपोत...........नीलतरङ्गम् ।

हरितकपोत–मयूर–चकोर–चातक–कोकिलादीनां पक्षिणां सङ्गः रमणीयोपस्थितिः यस्मिन् धाम्नि तत् । पुनः सारस–हंस–मरालपक्षिणां रवैः विरावैः आकुलः (आ+कुल्+क) प्रभावितः नदजलनीलतरङ्गः नदीनां जलस्य नीलतरङ्गः नीलोर्मिमाला यस्मिन् धाम्नि तत् । बहुविधपक्षिणां शोभा अत्र उपभोगरमणीया दृश्यते ।

(६) चम्पक-पाटल............नवनवभावम् ।

चम्पक–पाटल–कुन्द–कमलनामधेयै प्रस्फुटपुष्पैः दत्तस्य प्रदत्तस्य सौरभस्य सुगन्धेः लाभः प्राप्तिः यस्मिन् धाम्नि तत् । पुनः हल्लकैः रक्तोत्पलैः कैरवैः सितोत्पलैः रजनिसुवासकपुष्पैः रजनिषु सौरभभरपुष्पैः रजनिगन्धादिभिः च दत्तः प्रदत्तः प्रसारितः नव–नवभावः प्रतिक्षणमभिनवभावानन्दः भावोन्मादो वा यस्मिन् धाम्नि तत् ।

(७) कन्दरशोभित.............सत्यनिवासम् ।

कन्दरशोभितशिल्पकलाकृतिभिः सह चित्रकलाकृतः भासः यस्मिन् धाम्नि तत्। कन्दरः (कम्+दृ+अच्) पर्वतगुहा । कन्दरेषु एलोरा–अजन्ता–घरपुर्यादि पर्वतगुहासु शोभिताभिः शिल्पकलाकृतिभिः कारुकलाकृतिभिः सह चित्रकलासु कृतः निष्पादितः भासः (भास्+घञ्) कान्तिः यस्मिन् धाम्नि तत् । पुनः ऋषिमुनीनां मन्त्रद्रष्टृ–सत्यवचसां महात्मनां सौगतानां बौद्धानां जैनगानां जैनशास्त्रविदां च दर्शनैः तत्त्वज्ञानैः अन्तरीक्षणैः वा पोषितः परिपालितः विवर्धितश्च सत्यनिवासः सत्याश्रयस्थानं यस्मिन् धाम्नि तत् ।

(८) वन्दितकविकुल.............गौरवगानम् ।

वन्दितकविकुलस्य (कुल+क) आराधितकविपरिवारस्य पूजितगुरुकुलस्य

अर्चितगुरुपरिवारस्य च कीर्तिभिः यशोभिः विवर्धितः बहुतरं गतः मानः सम्मानः यस्य धाम्नः तत् । पुनः इह अस्मिन् जगति शोभनजीवनकृते मानवानां सुखमयजीवनधारणविकासार्थं कारितं सम्पादितं मानवगौरवगानं मानवजीवनस्य महात्मनां च महत्त्वगानं यस्मिन् धाम्नि तत् महाराष्ट्रधाम इत्यर्थः ।

चतुर्विंशः सर्गः
मिजोराम्-धामगानम्

(१) मीजोराम्..................भावनिधानम् ।

शुभ-सुन्दर-पावन-मानव-मानिततीर्थम् उन्नतधाम मिजोराम् तु भारतभावनिधानमस्ति । अयि तत् (पावनं) धाम ! (त्वं) चिरं जय जय । शुभं च तत् सुन्दरं पावनमानवानां पवित्रमनुष्याणां मानिततीर्थं सम्मानितमिलनक्षेत्रम् उन्नतधाम समुन्नतं विकसितं वा धाम पावननिवासस्थानं मिजोराम् तन्नामधेयमतिपावनभूखण्डं राज्यं तु (निश्चयात्मकमव्ययम्) नूनं भारतभावनिधानं भारतवर्षस्य भावस्य (भू+घञ्) अस्तित्वस्य शोभनचिन्तनस्य दिव्यभावनायाः वा निधानं कोषागारम् अस्ति । अयि तत् (पावनं) धाम ! (त्वं) चिरं यथा स्यात् तथा जय जय सर्वदा सर्वत्र विजयं लभस्व इत्यर्थः । मीजोराम्- मिजोभाषाभाषिणां भूमिः निवासस्थानं वा । अत्र इ-कारस्य दीर्घत्वं छन्दोऽनुरोधात् ।

(२) फं पुयि............फलिताभम् ।

फंपुयि-लेंतेङ्-सुर्त्लाङ्गादिभ्यः पर्वतराजिभ्यः जातः विस्मयभावः (वि+स्मि+अच्) यस्मिन् धाम्नि तत् । अत्युच्चः फंपुयि-नामधेयः नीलपर्वतः मनोहरः विस्मयोत्पादकश्च । अन्येऽपि वेतलिंचिप्-माउण्ड् मौमादयः रमणीयपर्वताः तत्र दृश्यन्ते । पुनः त्वाम्-तियु-चिंतुयिपुयि-तुयिचां-नामधेयानां तटिनीनां नदीनां जलैः कृता विहिता फलिताभा पुष्पफलभरदीप्तिः यस्मिन् धाम्नि तत् । नदीपरिपूर्णमेतद्धाम अतिरमणीयमिति अर्थभानम् ।

(३) केसर...............वातविलासम् ।

केसर-होलक-खैरक-घर्षक-होलं-शल्मलि-तरूणां काननानां वा वासः

निवासः यस्मिन् धाम्नि तत् । पुनः गम्भारी–साल–कदम्ब–वनकदम्बकात् समूहात् निर्गतस्य वातस्य वृक्षसुरभिभरस्य पवनस्य विलासः (वि+लस्+घञ्) मनोविनोदनं प्रसन्नता वा यस्मिन् धाम्नि तत् । मिजोराम्–धाम श्यामलसुन्दरकाननभरमतिमनोरममिति ज्ञायते।

(४) श्यामल-शीतल...............वितानम् ।

श्यामलं च तत् शीतलं श्यामलशतलम् । एतादृशेषु मञ्जुलकाननेषु मनोरमवनेषु वर्धितवृक्षैः विशालं विस्तृतं यत् धाम तत् । विशाल= वि+शालच् । पुनः कुड्मल–पल्लव–राग–समाहितानां कुड्मलानां कोरकानां पल्लवानां कोमलपत्राणां रागैः रङ्गैः समाहितानां (सम्+आ+धा+क्त) सम्मिलितानां रम्यनिकुञ्जानां वितानम् आच्छादनं विस्तारो वा यस्मिन् धाम्नि तत् । 'निकुञ्ज–कुञ्जौ वा क्लीबे लतादिपिहितोदरे' इत्यमरः ।

(५) द्विरद...............वानररासम् ।

द्विरद–कासर–भषनकुरङ्गम–सीरोशुभमृगाणां वनपशूनां वासः निवासस्थानं यस्मिन् धाम्नि तत् । पुनः व्याघ्र–मेचकचित्रक–भल्लुक–गिब्बन–वानराणां रासः गर्जनध्वनिः यस्मिन् धाम्नि तत् मिजोराम्–धाम इत्यर्थः । सीरोशुभमृगः – शुभः छागः । सीरोनामधेयः छागवत् मृगः, वन्यपशुविशेषः । 'अजा छागी शुभच्छागबस्तच्छगलका अजे' इत्यमरः । व्याघ्रकः = व्याघ्र+स्वार्थे कन् ।

(६) वावूतित्तिर..........विरावम् ।

वावूतित्तिर–कांचन–पिक–बक–हरितकपोतगः रागः यस्मिन् धाम्नि तत् । तत्तन्नामधेयेषु पक्षिषु गतः सम्बन्धितः रागः रङ्गः आनन्दः सङ्गीतमयस्वरो वा यस्मिन् धाम्नि तत् । पुनः श्येन–करण्डव–कङ्क–तनुकशुक–चटकादीनां पक्षिणां विहारस्य आनन्दभ्रमणकालस्य विरावः कलरवध्वनिः काकलिध्वनिः वा यस्मिन् धाम्नि तत् । मिजोरम्–धाम बहुविधानां पक्षिणामानन्दनिवासस्थानमिति बुध्यते ।

(७) सेन्हरि................विभासम् ।

सेन्हरि–पुष्पाणां विविधजपापुष्पाणाम् आर्कडपुष्पाणाञ्च विभूषितं सुन्दररूपं

यस्य धाम्नः तत् । अत्र विविधरङ्गशोभितानि जपापुष्पाणि आर्कडपुष्पाणि च उपलभ्यन्ते । पुनः सन्धिजिका-कुसुमानाम् आन्थ्युरियम्-सुमानां कुसुमानां च कलितः गृहीतः सुललितविभासः सुशोभनदीप्तिः यस्मिन् धाम्नि तत् । जपाकुसुमम्- सेवतीपुष्पं रोज्फ्लावार इति आंग्लभाषायाम् । सन्धिजिका= सन्धिजा+ठक्+टाप्, सन्धिजा-पुष्पम् ।

(८) संघनिवेशन............कलोदितगीतम् ।

संघनिवेशनस्य संघवद्धजीवनयापनशीलस्य परशुभचिन्तनस्य अन्येषां हितचिन्तनशीलस्य मानवस्य शान्तनिकेतः शान्तिपूर्णनिवासः यस्मिन् धाम्नि तत् । अत्र संघचारिणः जनाः परशुभचिन्तनेन जीवनं यापयन्ति । पुनश्च तान्तव-सौचिक-शिल्पकलाभ्यः तन्तुविनिर्मिताभ्यः सूचीविनिर्मिताभ्यः कारुकलाकृतिभ्यः शुभनृत्यकलाभ्यश्च शुभा च सा नृत्यकला ताभ्यः च उदितं जातं गीतं गानम् आनन्दमयसङ्गीतं यस्मिन् धाम्नि तत् ।

पञ्चविंशः सर्गः
मेघालयधामगानम्

(१) मेघानां.....................सुशोभनम् ।

मेघानां भूधरगतमेदुरकान्तिसमूहसुशोभं मेघालयधाम तु भारतभावनिधानम् अस्ति । अयि मेघालयधाम ! (त्वं) जय जय जय । मेघानां मेघमालानां भूधरः पर्वतः तान् गतस्य प्राप्तस्य दूराकाशादवलम्बिनः मेदुरस्य सान्द्रस्निग्धस्य कान्तिसमूहस्य सुशोभा उत्तमा दीप्तिः यस्मिन् धाम्नि तत् मेघालयधाम तन्नामधेयं भारतवर्षस्य पावननिवासस्थानं तु (निश्चयात्मकमव्ययम्) नूनं भारतभावनिधानं भारतवर्षस्य भावस्य (भू+घञ्) अस्तित्वस्य दिव्यभावनायाः वा निधानं कोषागारमस्ति । अयि मेघालयधाम ! (त्वं) जय जय जय । कालत्रये भुवनत्रये च विजयं लभस्व ।

(२) दारो............लाभम् ।

दारो-नामधेयेषु खासिनामधेयेषु च पर्वतराजिषु सम्मतं युक्तं शृङ्गशिलङ्ग (शुङ्ग

च तत् शिलङ्ङ्–नामधेयम्) अमिताभं (अमिता असीमा आभा दीप्तिः यस्य तत्) यस्मिन् धाम्नि तत् । पुनश्च नीलगगनतलस्य नीलाकाशस्य अधः भूमिभागे शीतलकाननवातस्य शीतलवनपवनस्य विनोदनलाभः तत्सम्बन्धितानन्दप्राप्तिः यस्मिन् धाम्नि तत् । काननप्रवाहितशीतलसमीरः अत्र सर्वानाननन्दयति इति अर्थः । 'कूटोऽस्त्रीशिखरं शृङ्गम्' इत्यमरः ।

(३) मीन्तू..................शान्तम् ।

मीन्तू–सिंसम्–जादुइ–कृष्णइ–दुध्नइ–नामधेयानां नदीनां पावनतीर्थं पवित्रमिलनक्षेत्रं यस्मिन् धाम्नि तत् । पुनश्च औमखरगनदी–जलैः वोगाइ–नदीवारिभिः विधौतेन सिञ्चितेन सुशोभनशान्तम् उत्तम–शोभाभरशान्तिपूर्णं शान्तिप्रदं वा यत् धाम तत् । नदीमातृकमेतद्धाम अतिमनोरमम् अतिपवित्रं चेति अर्थभानम् ।

(४) गम्भारी..............काननभासम् ।

गम्भारी–वट–कान्तल–होलक–शाक–तरूणां वनानां वा विहितः (वि+धा+क्त) वासः नार्धारित–प्राकृतिक–निवासस्थानं यस्मिन् धाम्नि तत् । पुनश्च प्रवदर–खर्जूर–सोफि–लिचेय–पनसाः फलवृक्ष–विशेषाः । एतन्नामधेयैः वृक्षराजिभिः भरस्य परिपूर्णस्य काननस्य भासः दीप्तिः यस्य धाम्नः तत् । विविधवृक्षरत्नैः परिपूर्णं वनं विभिन्न–सुस्वादुफलैः मनोरममिति अर्थभानम् ।

(५) अभ्रितचित्रक..............विहितविहारम् ।

अभ्रितचित्रक–वृक–गज–भल्लुक–कासरादीनां वन्यजन्तूनां गर्जनं नर्दनं घोरं भयङ्करं यस्मिन् धाम्नि तत् । भषनकुरङ्गम–शुभमृग–सम्बर–वानरादिभिः वन्यतृणजीविभिः विहितः कलितः विहारः सुखभ्रमणं (वि+हृ+घञ्) विलासः मनोरञ्जनं वा यस्मिन् धाम्नि तत्। अभ्रितचित्रकः मेघवर्णशार्दूलः मेघालयराज्यपशुरूपेण स्वीकृतः। शुभमृगः– शुभः छागः । शुभवत् छागवत् मृगः हरिणः सीरो–नाम्नाऽत्र परिचितः ।

(६) धूम्रमयूरक................रागम् ।

धूम्रमयूरकतित्तिराणां बहुतरचातकानां हरितकपोतानां च वासः यस्मिन् धाम्नि

तत् । धूममयूरकतित्तिरः 'सटेली-मयूर-तीतर' इति भाषायाम् । बहुतरचातकः ग्रेट-इण्डियान् हर्नबिल-नामधेयः । हरितकपोतः हरिद्वर्णपारावतः पक्षी । श्येनकपिलमुख-हंस-तनुकशुक-वक-सरिकादयः पक्षिविशेषाः । तेभ्यः गतः प्राप्तः आगतो वा रागः रमणीयवर्णः रङ्गः मधुरगीतस्वरो वा यस्मिन् धाम्नि तत्। एतेषामुपर्युक्तानां शोभनीयानां बहुविधानां विहङ्गानां स्वरैः रङ्गैः वा मुखरितम् उद्भासितं वा मेघालयधाम अतिमनोरममिति अर्थाभासः । श्येनकपिलमुखः - श्येनश्चासौ कपिलमुखः । अत्र एषः पक्षिविशेषः 'हिमालयान् ग्रे हेडेड् इगल्'नाम्ना परिचितः । अत्र सरिका गिरिसरिका अथवा 'कमन् हिल् मैना'-नाम्ना परिचितः मानितराज्यपक्षी च ।

(७) आर्कडपुष्प...............विभातम् ।

आर्कडपुष्पाणां जपासुमानां जवापुष्पाणां वा लोहितकुवलयानां रक्तोत्पलानां ('स्यादुत्पलं कुवलयम्' इत्यमरः) सौरभवातः सुरभिभरवातः सुगन्धिवातो वा यस्मिन् धाम्नि तत् । पुनरपि पाटल-पङ्कजादीनां पुष्पाणां हेमपरागरजोभिः स्वर्णवर्णपुष्परेणुभिः अरुणरागविभातम् अरुणवर्णप्रभातम् ईषत्-रक्तवर्णविभासितं प्रभातं वा यस्मिन् धाम्नि तत् ।

(८) कारुज....................भारतमानम् ।

कारुज-सौचिक-चारुकलाभिः सह बहुसङ्गतनृत्यगतानः यस्मिन् धाम्नि तत् । कारुजाताभिः शिल्पिविनिर्मिताभिः सौचिकाभिः सूचीविनिर्मिताभिः वयनकलाभिः चारुकलाभिः चित्रनिर्माणादिशोभन-कलाभिः च सह बहुसङ्गतनृत्यगतानः बहुविधमिलितनृत्यगतः तानः (नृत्यजातसङ्गीतावसरे वाद्यादीनां शोभनस्वरविरामध्वनिः तानः) यस्मिन् धाम्नि तत् । पुनः मधुर-विशाल-हृदयस्य मधुमय-विस्तृत-मानवहृदयस्य परिशीलनेन अविरतसम्पर्केण अध्ययनेन वा वर्धितः समुन्नीतः भारतस्य मानः सम्मानः यस्मिन् धाम्नि तत् । हृष्टचेतसः जनाः बहुविधनृत्यवाद्यसङ्गीतकलादिभिः जीवनं मधुमयं कृत्वा इह निवसन्तीति ।

षड्विंशः सर्गः
राजस्थानगानम्

(१) राजस्थानं...............निधानम् ।

भारतशोभितम् उत्तरपश्चिमतीर्थं राजस्थानं तु भारतभावनिधानम् आर्चिकधाम अस्ति । अयि तत् पावनं धाम ! (त्वं) चिरं जय जय।

भारतशोभितं भारतवर्षे शोभितं शोभाभरं शोभमानं वा उत्तरपश्चिमतीर्थं भारतस्य उत्तरपश्चिमदिग्भागस्य तीर्थं मानवानामति-पावनमिलनक्षेत्रं तु (निश्चयात्मकमव्ययम्) भारतभावनिधानं भारतस्य भावस्य (भू+घञ्) अस्तित्वस्य दिव्यभावनायाः वा निधानं कोषागारम् आर्चिकधाम ऋग्वेदसम्बन्धितं वा वेदमन्त्रसम्बन्धितं पावननिवास-स्थानम् अस्ति । अयि तत् पावनं धाम ! (त्वं) चिरं जय जय । सर्वदा सर्वत्र विजयं लभस्व इति अर्थः ।

(२) आरावलिगिरिराजि.................रम्यविभङ्गम् ।

आरावलिगिरिराजिषु पर्वतमालासु विराजितानि सुशोभितानि धोसि-गुरुशिखर-पर्वतशृङ्गाणि यस्मिन् धाम्नि तत् । पुनः कान-सुन्द-मन्दोरिनामधेयेषु गिरिषु गिरिराजिषु पर्वतराजिषु अङ्कितः चिह्नितः रम्यविभङ्गः (वि+भञ्ज्+घञ्) रमणीयः (-वक्रता कुटिलता) सोपानपथः अवरोधः विविधविकारो वा यस्मिन् धाम्नि तत् । कानकः= कान+स्वार्थे कन् । सुन्दकः= सुन्द+स्वार्थे कन् ।

(३) चम्बलमाहि..............कृतगानम् ।

चम्बल-माहि-बनास-लुनीनद-घग्घरनामधेयानां नदीनां कलकलतानः अस्फुटमधुरध्वनिः सङ्गीतमयध्वनिः वा यस्मिन् धाम्नि तत् । पुनः कोठारि-आर्वरि-गोमति-साहिबि-सावरमती-प्रभृतीभिः स्रोतस्विनीभिः कृतं सम्पादितं गानं गीतं सङ्गीमयस्वरो वा यस्मिन् धाम्नि तत् । एताः पवित्रजलवाहिन्यः नद्यः सदैव कलकलनाद-सङ्गीतरमणीयाः जनान् रञ्जयन्ति जनानुरागं च वर्धयन्ति ।

(४) निम्ब-शिरीष..............विलासम् ।

निम्ब-शिरीष-कदम्ब-करञ्ज-बबूल-वकुल-वृक्षाणां काननानां वा निवासः वासस्थानं विकासस्थानं वा यस्मिन् धाम्नि तत् । पुनः अर्जुन-खर्जुर-खेजड-

पिप्पल–वृक्षाणां चलदलेषु कम्पितपत्रेषु सुकुमारत्वात् कम्पनशीलपुष्पदलेषु च मरुतस्य पवनस्य विलासः आनन्दानुभवः यस्मिन् धाम्नि तत् । सुवकुलः – शोभनः वकुलः । तत्र विविधवृक्ष–वनविहारी पवनः मनोरमः इति ।

(५) व्याघ्रक............विहारम् ।

व्याघ्र–चित्रक–खिंकर–जम्बुक–वृकादिभिः हिंस्रजन्तुभिः कृतम् अध्युषितं काननं घोरं भयङ्करं यस्मिन् धाम्नि तत् । पुनरपि कृष्णकुरङ्गम–मय–तनुकहरिण–सम्बरादिभिः तृणभोजिपशुभिः विहितः विहारः विहरणं भ्रमणं वा यस्मिन् धाम्नि तत् । बहुविधानां हिंस्रजन्तूनां तृणभोजिनां च सुखनिवासस्थानं राजस्थानमतीव रमणीयमिति ज्ञायते। व्याघ्रकः= व्याघ्र+स्वार्थे कन् । तनुकहरिणः= तनुकः क्षुद्रः स्वल्पोच्चपरिमितः हरिणः मृगः 'चिङ्कारा' इति भाषायाम् । मयः – उष्ट्रः क्रमेलको वा ।

(६) सारङ्गः...............वितानम् ।

चटकेन सह निनटिक–कह्व–कलिङ्ग–शतच्छदादीनां पक्षिविशेषाणां डयननिनादः उड्डयनध्वनिः आकाशं समुत्पतननादः यस्मिन् धाम्नि तत् । पुनः श्येन–मयूर–करण्डव–कोकिल–तित्तिरि–प्रभृतीनां विहङ्गानां विहितः (वि+धा+क्त) वितानः आच्छादनम् आकाशावरणं वा यस्मिन् धाम्नि तत् । आकाशमावृत्य पंक्तिवद्धाः डयनशीलाः पक्षिणः काकलिभिः परिवेशं सङ्गीतमयं रमणीयं च कृत्वाऽत्र विहरन्ति इति अर्थः ।

(७) सैन्धव..............विभूषणभानम् ।

सैन्धवेभ्यः (सिन्धु+अण्)सिन्धुनदीसमीपे जातेभ्यः वैदिकेभ्यः (वेद+ठक्) वैदिकसंस्कारजातेभ्यः जैनगेभ्यः जैनसंस्कारजातेभ्यः शिल्पेभ्यः शिल्पकलाभ्यो वा जातम् उत्पन्नं 'मारुगुर्जरम्' तन्नमधेयं वस्तुनिर्माणकौशलं मन्दिरनिर्माणकौशलं वा (तदपि सोलङ्कि निर्माणशैली–नाम्ना परिचितम्) दानं समर्पणम् उपहारो वा यस्य धाम्नः तत् । पुनश्च तान्तवस्य तन्तुनिर्मितशिल्पजातस्य (वंश–वेतसादिभ्यः उत्पन्नस्य) मार्तिकस्य मृत्तिकानिर्माणकलासम्भवस्य शोभनरत्न–विभूषणस्य शोभनरत्नालंङ्करणस्य च भानं दीप्तिः ज्ञानं वा यस्य धाम्नः तत् । मारुगुर्जरस्थाने मारुसुगुर्जरपद–प्रयोगः छन्दोऽनुरोधात्।

(८) प्रस्फुटरोहिड............संस्कृतिगानम् ।

प्रस्फुटरोहिड–विविधकुसुमभरस्य प्रस्फुटितानां रोहिडपुष्पाणां भरस्य प्राचुर्यस्य विविधानां बहुविधं शोभितानां कुसुमानां पुष्पाणां भरस्य परिपूर्णस्य च सुरभिसमीरणस्य सुगन्धितपवनस्य यानं (या+ल्युट्) गमनं प्रवहणं वा यस्मिन् धाम्नि तत् । नृत्यकला–नवचित्रकलाङ्कित–बहुविधसंस्कृतिगानम्–नृत्यकलाभि: घूमरादि–विविधलोकनृत्यकलाभि: नवचित्रकलाभि: बहुविधनवीनचित्र-निर्माणकलाभि: च अङ्कितानां चिह्नतानां प्रभावितानां वा बहुविध–संस्कृतीनां संस्कारविशेषाणां गानं गीतं सङ्गीतं वा यस्मिन् धम्नि तत्। अत्र जना: विविधसंस्कृतीनां शोभनसंस्कारयुक्ता: सानन्दं सङ्गीतमयं जीवनं यापयन्ति इति अर्थ: ।

सप्तविंश: सर्ग:
लक्षद्वीपशोभनगानम्

---

(१) लक्षद्वीपकदम्ब...............भावनिधानम् ।

इह भुवि लक्षद्वीपकदम्बकं मानवपावनतीर्थम् अस्ति । भारतभावनिधानं तु तदुन्नतधाम (त्वं) चिरं जय जय ।

इह अत्र भुवि भूप्रदेशे अस्मिन् भारतवर्षे लक्षद्वीपकदम्बकं लक्षद्वीपवृन्दं मानवपावनतीर्थं मानवानां भारतीयजनानामतिपवित्रं मिलनक्षेत्रमस्ति । तत् उन्नतधाम विकसितं धाम तु (निश्चयात्मक–मव्ययम्) भारतभावनिधानं भारतस्य भावस्य (भू+घञ्) अस्तित्वस्य शुभचिन्तनस्य दिव्यभावनाया: वा निधानं कोषागारम् अस्ति । अयि तत् पावनं धाम ! (त्वं) भुवि पृथिव्यां चिरं यथा स्यात् तथा जय जय विजयं लभस्व । सर्वदा सर्वत्र विजयं लभस्व इति अर्थ: । कदम्बकं वृन्दं समूहो वा ।

> 'समुदाय: समुदय: समवायश्चयो गण: ।
> स्त्रियां तु संहतिर्वृन्दं निकुरम्बं कदम्बकम् ।।" इत्यमर: ।

(२) द्वीपकुलामिनि................विभूषितरूपम् ।

द्वीपकुलानाम् आमिनिडिभि–मिनिकयि–लाकाडिभि–नामधेयानां विद्रुमभासः विद्रुमस्य प्रबालस्य भासः कान्तिः यस्य पावनधाम्नः तत् । पुनः आरवसागरस्य फेनिलैः नीलतरङ्गैः विभूषितम् अलंकृतं रूपं (रूप+क, भावे अच्) सौन्दर्यम् आकृतिर्वा यस्य धाम्नः तत् ।

(३) पित्तिद्वीपं............कलभरनादम् ।

पित्तिद्वीपं पित्तिनामधेयं द्वीपं शोभनखगकुलस्य सुन्दरपक्षि–वंशस्य अतिरम्यम् अतिरमणीयम् शरणनिलयम् आश्रितवासस्थानम् अस्ति । (तत्र पुनः) जलधिविवर्धितानां जलधिषु समुद्रेषु समुद्रस्य द्वीपेषु तीरभागेषु वा वृद्धिं गतानां कपिशनुकीलादिविहगानां कपिशनुकीलादिनामधेयानां पक्षिणां कलभरनादः अस्पष्टमधुरध्वनि–परिपूरितशब्दः कलरवो वा यस्मिन् धाम्नि तत् । पित्तिद्वीपं विविध–पक्षिणां रमणीयनिवासस्थानमिति प्रसिद्धम् । कपिशनुकीलपक्षी एकः सामुद्रिकपक्षिविशेषः लक्षद्वीपपुञ्जेषु प्रसिद्धः ।

(४) निर्मलसुधवल................विहारम् ।

निर्मल–सुधवल–चिक्कण–सैकतं निर्मलं परिष्कृतं सुधबलम् शोभनशुभ्रं चिक्कणं मसृणं तत् सैकतं बालुकामयं स्थानम् । तेन वेष्टितं परिवृतं मण्डलायितं वा सागरतीरं समुद्रवेलाभूमिः यस्मिन् धाम्नि तत् । (तत्र पुनः) वारिनिमज्जनयन्त्रसमाश्रितेन वारिषु सागरजलेषु निमज्जनाय सागरतलं यावत् गमनाय तत् निर्धारितं यन्त्रं यन्त्रसाधनं तं समाश्रितेन पर्यटकानां पान्थानां यात्रिकाणां वा अब्धि–विहारः समुद्रान्तःभ्रमणं सागरतलं यावत् गमनं वा यस्मिन् धाम्नि तत् ।

(५) वातामफल............हरितविभासम् ।

वातामफलानां शिरःफलानां (नारिकेलफलानां) बहूनां च कर्कटिकानां तन्नामधेयफलानां (आङ्गलभाषया पपेया इति) जितवासः प्रभावितसुगन्धः यस्मिन् धाम्नि तत् । पुनः पनसफलैः कदलिकाभिः घनपल्लवैः सान्द्रपत्रभरैः च सम्भृतः (सम्+भृ+क्त) संधारितः परिपोषितो वा हरितविभासः हरिद्वर्णकान्तिः यस्मिन् धाम्नि तत् ।

(६) कैशिक................शुभमविकल्पम् ।

कौशिकफलगतानां नारिकेलफलसम्बन्धितानां तन्तुचय-जनितानां तन्तुसमवायेभ्यः जातानां हितकरशिल्पम् अनुकूलशिल्पम् अनल्पम् अधिकं यस्मिन् धाम्नि तत् । (पुनः तत्र) सागरसम्भवं सामुद्रिकपर्यावरणे जातम् उन्नतजीवनं (उत्+नम्+क्त) विकसित-जीवनम् उपगतं (उप+गम्+क्त) प्राप्तं शुभं मङ्गलम् अविकल्पं विकल्परहितं सुनिश्चितं सुनिर्णितं वा यस्मिन् धाम्नि तत् ।

(७) वारिधि................संस्कृतिरङ्गम् ।

वारिधितटजलयुतह्रदराजिषु सागरस्य तटप्रदेशजलसंयुक्तेषु ह्रदराजिषु सरसीसमूहेषु चञ्चल-कलद-तरङ्गः सञ्चरणशील-कलध्वनि प्रदायकः कलध्वनिभरो वा तरङ्गः (महासागरवाहितवीचिमाला) यस्मिन् धाम्नि तत् । पुनश्च प्रस्फुटबहुलकुसुमनिभः प्रस्फुटित-बहुविध-पुष्पराशिसदृशः राजित-विविध-सुसंस्कृति-रङ्गम् - राजितः शेभितः विविधोत्तमसंस्कृतीनां संस्कारविशेषाणां रङ्गः रङ्गमञ्चः क्रीडाभूमिः वा यस्मिन् धाम्नि तत् ।

(८) अत्तम...............विनोदनगानम् ।

सुसंहतसंस्कृतिवर्णनावसरे समन्वितलोकनृत्यविशेषान् मनोहरानाह कविः-

अत्तम-उलक्कमुट्टु-फुलि-परिछकलि-कोल्कलि-लावा-नामधेयानां लोकनृत्यविशेषाणां तानः सङ्गीतमयस्वरः सङ्गीतमयशोभन-स्वरविरामानन्दो वा यस्मिन् धाम्नि तत् । पुनरपि उत्सवमयजनजीवनस्य (उत्सव+मयट् प्राचुर्यार्थे) उत्सवपरिपूर्णमानवजीवनस्य शोभननृत्य-विनोदनगानं शोभनेषु मनोहरेषु नृत्येषु नृत्योपभोगेषु विनोदनगानम् आनन्दभरं गीतं सङ्गीतं वा यस्मिन् धाम्नि तत् । नृत्यप्रियाः जनाः पर्यावरणम् उत्सवमयं सङ्गीतमयं च कृत्वा अत्र सागरतीरभूमिषु सानन्दं जीवनं यापयन्ति इति ।

अष्टाविंशः सर्गः
लद्दाखधामगानम्

(१) लद्दाखं...................... तीर्थम् ।

शुभधामलद्दाखं सुशोभन–भारतमानवतीर्थं तु भारतभावनिधानं भवति । अयि तत् उन्नतधाम ! (त्वं) चिरं जय जय ।

लद्दाखं लद्दाखनामधेयं शुभधाम दीप्यमानं पावननिवासस्थानं सुशोभनानां भारतमानवानां भारतीयानां वा तीर्थं पवित्रमिलनक्षेत्रं तु (निश्चयात्मकमव्ययम्) भारतभावनिधानं भारतवर्षस्य भावस्य (भू+घञ्) अस्तित्वस्य दिव्यभावनायाः वा निधानं (नि+धा+ल्युट्) कोषागारं भवति । अयि तदुन्नतधाम ! (त्वं) चिरं यथा स्यात् तथा जय जय । विजयं लभस्व । सर्वदा सर्वत्र विजयं लभस्व इत्यर्थः ।

(२) काराकोरम................शृङ्गम् ।

काराकोरम–हिमगिरि–जांस्कर–पर्वतानां पर्वतमालानां राजिः समूहः सुरम्यः अतीव रमणीयः यस्मिन् लद्दाखधाम्नि तत् । पुनः लद्दाखकुलशिलोच्चयैः शिलोच्चयः पर्वतः । लद्दाखकुलपर्वतैः वंशपर्वतराजिभिः सम्मतं युक्तं गडविनं तन्नामधेयम् उन्नतं शृङ्गं शिखरः यस्मिन् धाम्नि तत् । बहुभिः पर्वतराजिभिः सुशोभितं लद्दाखधाम सुधवलकान्तिप्रदमिति अर्थप्रतीतिः ।

(३) सैन्धव..................सिन्धुजतीर्थम् ।

सैन्धवतीरगभूमिषु (सिन्धु+अण्) सिन्धुनदीसम्बन्धिततीरगत–भूमिषु तटभागभूमिषु कल्पितः (कृप्+णिच्+क्त) व्यवस्थितः निर्मितः संरचितो वा शोभनः रमणीयः नगरनिवासः नगरक्षितवासस्थानं यस्मिन् धाम्नि तत् । पुनश्च पर्वतैः काननैः जनपदैः च संस्तुतं प्रशंसितं (तत्र तत्र प्रसारितत्वात् प्रवहणत्वात्) शीयक–सिन्धुजतीर्थं यस्मिन् धाम्नि तत् । शीयक–सिन्धु–नामधेययोः नद्योः मिलनजातं जलं क्षेत्रम् ऋषिसेव्यमिति तीर्थमस्ति । तदेव प वित्रलद्दाखधामसंयुक्तबालटि–स्थानाख्यभूमौ समुपलभ्यते ।

(४) डोडा................तटममिताभम् ।

डोडा-जांस्कर-सुरु-गलवान-नामधेयानां नदीनां जलस्य कलभरतानः अस्फुटमधुरध्वनिपरिपूरितसङ्गीतमयस्वरः यस्मिन् धाम्नि तत् । पुनः पांगं-ह्रदजलेन रञ्जितभूतलं (रञ्जितः शोभितः भूतलः तम्) भूमिभागम् उपगततटं संयुक्ततटं (तटप्रदेशः भूमिभागो वा) अमिताभम् असीमदीप्तिभरं यस्मिन् धाम्नि तत् ।

(५) उरुमन.................सिद्धम् ।

उरुमन-पिप्पल-सेव-अक्षोटक-काननानां वातः पवनः विशुद्धः यस्मिन् धाम्नि तत् । एतेषां काननानां सम्पर्केण सुरभिभरः वातः नितरामानन्ददायको विशुद्धश्चेति । इक्षुर-मिरमति-सोलो-प्रभृतयः गुल्मकाः (गुल्म+स्वार्थे कन्) भैषजानां (भेषज+अण्) औषधानां (भेषजेषु औषधेषु वा) मधु अमृतम् इति सिद्धं परीक्षाप्रमाणितमस्ति। अत्र बहूनि गुल्म-शैवाल-तृणानि उपलभ्यन्ते यानि सञ्जीवनि भेषजानि इति (भाषायां सञ्जीवनीवुटी) कथ्यन्ते । अमृतं स्वर्गे उपलभ्यते इति प्रसिद्धिः । तं निपीय देवाः अमराः सन्ति । एतत्सूचयति यत् लद्दाखधाम स्वर्गीयसुषमाभरं स्वर्धाम इति ।

(६) तुहिनक...............निवासम् ।

तुहिनकचित्रक-लोहितखिंकर-भालुक-वृककुलानां मांसादिनां दुर्धर्ष-हिंस्रजन्तूनां रासः (रस्+घञ्) गर्जनध्वनिः श्रूयते यस्मिन् धाम्नि तत् । पुनरपि युरियल-भहलर-साकिन-तिब्बतिहरिण-चमरादिनामाभिधेयानां तृणभोजिनां पशूनां निवासः वासस्थानमाश्रय-स्थानं यद्धाम तत् । तुहिनकचित्रकः= तुहिन+कन् स्वार्थे तुहिनकश्चासौ चित्रकः शार्दूलः (चिताबाघ/चिता इति भाषायाम्) । हरिणकः = हरिण+कन् स्वार्थे । कन् प्रयोगोऽत्र छन्दोऽनुरोधात् ।

(७) न्यङ्गर.............कृतकलगानम् ।

न्यङ्गर-तुहिनकतित्तिर-थाङ्कर-कंगो-नामधेयाः पक्षिविशेषाः। तैः कलितः गृहीतः सम्पादितः वितानः आकाशावरणमाच्छादनं वा यस्मिन् धाम्नि तत् । पुनश्च श्येन-करण्डव-पेचक-मेचक-गलवकादिभिः पक्षिभिः कृतं कलगानम्

अस्फुटमधुरसङ्गीतं यस्मिन् धाम्नि तत् । बहुविधाः पंक्तिवद्धाः पक्षिणः कलरवं रचयन्तः आकाशमार्गे डयन्तः जनानुरागं वर्धयन्ति इति अर्थः ।

(८) पुष्पितभूतल...............जीवनधन्यम् ।

पुष्पितभूतलैः प्रफुल्लपुष्पभरभूमिभागैः निर्मलपुष्करैः स्वच्छ-वारिपूरितजलाशयैः तुङ्गगिरिपथैः उन्नतपर्वतमार्गैः च सुरम्यम् अत्यन्तं रमणीयं यत् धाम तत् । पुनश्च बौद्धविहारैः बौद्धधर्मावलम्बिनां शोभनधर्मपीठैः सुनृत्यैः मनोरमनृत्यैः महोत्सवैः महानन्दोपभोगैः च निरलसजीवनम् आलस्यरहितं कर्ममयजीवनं धन्यं प्रशंसनीयं यस्मिन् धाम्नि तत् । अत्र उत्सवप्रियाः कर्मतत्पराः जनाः पुष्पफलभरं रमणीयं पर्यावरणमाश्रित्य सानन्दं जीवनं यापयन्ति ।

ऊनत्रिंशः सर्गः
सिक्किमधामगानम्

---

(१) देवानां भूभारत....................भावनिधानम् ।

देवानां भूभारतशोभनसिक्किमधाम सुतीर्थं तु भारतभावनिधानम् (अस्ति) । अयि तत् उन्नतधाम ! (त्वं) चिरं जय जय । देवानां देवतानां दिव्यभावधारिणां जनानां वा भूभारतशोभनसिक्किमधाम भूश्चासौ भारतं तस्य सिक्किमधाम तन्नामधेयं पवित्रनिवासस्थानं सुतीर्थं मानवानामतिपावनमिलनक्षेत्रं तु (निश्चयात्मकमव्ययम्) नूनं भारतभावनिधानं भारतस्य भावस्य (भू+घञ्) अस्तित्वस्य दिव्यभावनायाः शोभनचिन्तनस्य वा निधानं कोषागारम् अस्ति । अयि तदुन्नतं विकसितं धाम ! (त्वं) चिरं यथा स्यात् तथा जय जय विजयं लभस्व । सर्वदा सर्वत्र विजयं लभस्व इत्यर्थः ।

(२) शुभ्रहिमालय.............विश्रुतशृङ्गम् ।

शुभ्रहिमालयगिरिकुलमध्यगः शुभ्रहिमालयस्य गिरिगणानां मध्यगः मध्यगतः मध्यभागे स्थितः पुण्यनिवासः पवित्रवासः सुरम्यः अतिशोभनीयः यस्य धाम्नः तत् । पुनश्च उन्नतपर्वतकाञ्चनजंघासम्भवम् अत्युच्चपर्वतात्

कांञ्चनजंघानामधेयात् जातं विश्रुतशृङ्गं प्रसिद्धशिखरं यस्मिन् धाम्नि तत् । काञ्चनजंघापर्वतशिखरं तत्र अत्युच्चमिति ज्ञायते।

रङ्गीत–रोरुचु–रङ्गपु–नामधेयैः नदीभिः सङ्गतः युक्तः तीस्ताजलजविभासः तीस्तानद्याः जलजातः विभासः विशेषदीप्तिः यस्य सिक्किमधाम्नः तत् । पुनश्च राटे–ल्होनक–लाचुङ्ग–जलधक–नदीनां सिञ्चनफलं सिञ्चनस्य जलदानस्य जलप्रवाहस्य वा फलं (परिणामः) अमिताभम् अप्रमितप्रभाभरं यस्मिन् धाम्नि तत् । पावनवाहिनीनां जलधाराभिः सिक्किमधाम फलपुष्पभरं शस्यश्यामलं शोभामयं चेति ज्ञायते ।

(४) ह्रदगण..................मञ्जुलवेशम् ।

ह्रदगणैः सरसीा (३) रङ्गीत–रोरुचु..........................ममिताभम् ।

निचयैः तुहिनसुसंहतिभिः तुषारस्तूपैः भूषितं विभूषितमलंकृतं वा विशेषं वैशिष्ट्यभरं रम्यकरूपं रमणीयाकृतिः यस्य धाम्नः तत् । पुनः औषधगुणभराणां भेषजगुणपरिपूर्णानां तप्तोत्कलजलानां (तप्तं च तत् उद्गतकलं कलध्वनिसमन्वितं यत् जलम्) तादृशानां जलानां च निर्झरमञ्जुलवेशः निर्झररूपेण परिणतं शोभनवस्त्रं यस्य धाम्नः तत् । अत्र तप्तजलधाराप्रवाहिनिर्झराणां भेषजगुणभराणां कलध्वनिभिः निर्गतानां निर्झराणां उपस्थितिः मनोरमा लक्ष्यणीया च ।

(५) अन्धतमसभर..................तरुवरपुञ्जम् ।।

अन्धतमसभरंगाढान्धकारपरिपूर्णंघोरवनावलिवल्लरिवलयितंभीषणवनावलीनां वल्लरिभिः प्रतानिनीभिः वलयितम् आवेष्टितं कुञ्जं निकुञ्जं यस्मिन् धाम्नि तत् । पुनश्च काकलिकम्पितानां काकलिभिः पक्षिणां कलरवैः कम्पितानामान्दोलितानां मधुकरगुञ्जितानां मधुकरैः भ्रमरैः गुञ्जितानाम् ईषन्मधुरध्वनिभिः शब्दायमानानां पुष्पिततरुवराणां पुष्पभरवृक्षवराणां महीरुहाणां वा पुञ्जः समुच्चयः यस्मिन् धाम्नि तत् । वनावलीनां शोभननिवासोऽत्र उपभोग्यः इति ज्ञातम् । 'ध्वान्ते गाढेन्धतमसं क्षीणेऽवतमसं तमः' इत्यमरः।

(६) चित्रक.....................विहारम् ।

चित्रकाणां भल्लुकानां वृककुलानां पाण्डानां तन्नामधेयपशु–विशेषाणां वानराणां

धावनम् इतस्ततः प्रचलनं घोरं भयङ्करं यस्मिन् धाम्नि तत् । पुनश्च कृष्णमृग-चमर-भषनकुरङ्गम-नकुल-वनौतूनां विहारः सुखनिवासः सुखभ्रमणं वा यस्मिन् धाम्नि तत् । वनौतु- वनस्य ओतुः विडालो वा । 'ओतुर्विडालो मार्जारो वृषदंशक आखुभुक्' इत्यमरः । तत्र वनं हिंस्रजन्तूनां तृणभोजिपशूनां च वासस्थानमिति।

(७) वस्त्रकला.............संस्कृतिगानम् ।

वस्त्रकलाभ्यः वस्त्रवयन-शोभनकलाभ्यः नवचित्रकलाभ्यः नवीनचित्रनिर्माणकलाभ्यः चित्राङ्कनकलाभ्यो वा शुभशिल्पकलाभ्यः जनानुकूलवस्तुनिर्माणकलाभ्यः च उदितं समुदितं जातं भानं (भा+ल्युट्) तेजो दीप्तिः प्रत्यक्षज्ञानं वा यस्मिन् धाम्नि तत् । पुनश्च नृत्योत्सवमयानां नृत्योत्सवपरिपूर्णानां वैदिकानां वेदविदां सौगतानां बौद्धशास्त्रविदां विविधसुसंस्कृतीनां बहुविधशोभनसंस्कारवेशेषाणां च गानं गीतं सङ्गीतं स्वरमधुरोपस्थापनं वा यस्मिन् धाम्नि तत् ।

(८) बहुविधपुष्प.................प्रतिकाशम् ।

बहुविधपुष्पाणां बुरांशकुसुमानां च भरेण परिपूर्णेन काननानां सौरभवातः सुरभिपवनः यस्मिन् धाम्नि तत् । एतादृशं शोभामयं सुरभिभरं च पावनसिक्किमधाम विलोक्य कवेः द्विधा विभक्तं मनः प्रथयति (एतत्) इन्द्रभुवनं देवराजस्य निवासस्थानं स्वर्धाम अथवा नन्दनवनं तस्य स्वर्गीयसुषमाभरमुपवनम् ? इति विजनितः बहुप्रतिकाशः जातं विविधसादृश्यं वा यस्य धाम्नः तत् ।

त्रिंशः सर्गः

हरियानाधामगानम्

---

(१) सर्वेषां नो..................भावनिधानम् ।

सर्वेषां नः अस्माकं शोभनभारतस्य मानवानां पावनतीर्थम् अतिपवित्रमिलनक्षेत्रं हरियानाधाम तन्नामधेयं शोभननिवासस्थानं तु (निश्चयात्मकमव्ययम्) नूनं भारतभावनिधानं भारतस्य भावस्य (भू+घञ्) शुभचिन्तनस्य दिव्यभावनायाः

वा निधानं कोषागारम् अस्ति । अयि तत्पावनं धाम ! (त्वं) जय जय । सर्वदा सर्वत्र विजयं लभस्व इत्यर्थः ।

(२) हैमशिलोच्चय............मञ्जुलगानम् ।

उपगङ्गं गङ्गायाः पवित्रवाहिन्याः समीपम् हैमशिलोच्चयपादजं हैम= हिम+अण्। शिलानामुच्चयः शिलोच्चयः पर्वतः । हिमगिरि-राजीनां पाददेशजातं पाददेशसंस्कृतिप्रभावितं वा, पुनः आर्चिक-संस्कृतिपरं (ऋच्+ठञ्= आर्चिक) वैदिकसंस्कृतिप्रधानं यत् तत् । पुनश्च एतद्धाम ऋषिमुनिप्रभावितमिति आह- व्यासविभासित-मुनिजननन्दित-कविकुलमञ्जुलगानम् । व्यासविभासितानां महाभारत-रचयितुः व्यासदेवः । तेन महर्षिणा कविना विभासितानां महाभारत-ज्ञानालोकेन उद्भासितानां (पुनः) मुनिजननन्दितानां सत्यवाग्भिः साधुजनैः प्रशंसितानां कविकुलानां त्रिकालद्रष्टृ-दिव्यपुरुषाणां मञ्जुलगानं (मञ्ज्+उ+लच्) सुन्दरसङ्गीतं यत् धाम तत् । ऋषि-मुनि-कवीनां मधुरवाग्भिः अमृतमयगीतरागैः परिपूरितं हरियाना-पावनधाम इत्यर्थः।

(३) शिवलिक..................वारिजभासम् ।

शिवलिकगिरिकुलेभ्यः गिरिगणेभ्यः संसृतैः निर्गतैः नदीजलैः नदीनां जलैः (कौशलय-मार्कण्ड-ताङ्गरी-चौताङ्गादिनदीनां जलैः) सेवितायाः परिपोषितायाः घग्घरनद्याः वासः निवासः यस्मिन् धाम्नि तत् । पुनश्च साहिबि-नदी-सेवया थापनया थापनानदीसेवया च यामुनवारिजभासः (यमुना+अण्) यमुनावारिजातः यमुनाजलसम्भवः भासः दीप्तिः कान्तिः वा यस्मिन् धाम्नि तत् । एतद्रमणीयं धाम नदीमातृकमिति अर्थभानम् ।

(४) चन्दन..................सुवासम् ।

चन्दन-शाक-मधूक-सुशाल्मलि-शिंशपिकादिवृक्षाणां वनानां वा सुनिवासः शोभननिवासः सुरम्यविकासस्थानं वा यस्मिन् धाम्नि तत् । महत्तरु-वन-वर्णनानन्तरं मनोहरान् फलनद्धवृक्षानुपस्थापयति कविः- नारङ्ग-आम्रल-तूत-रसाल-तरूणां पचेलिमफलेभ्यः (पच्+केलिमर्) ईषत्पक्वफलेभ्यः जातः सुवासः मनोहरसौरभः यस्मिन् धाम्नि तत् । एतन्मनोरमं धाम सदैव सौरभभरमिति अर्थभानम्।

(५) कृष्णमृग..............घोरम् ।

कृष्णमृग-गवय-चित्रल-सम्बर-वनगजादिभिः तृणभोजिभिः विहितः (वि+धा+क्त) सम्पादितः विहारः निवासस्थानं सुखभ्रमणं वा यस्मिन् धाम्नि तत् । पुनश्च चित्रक-जम्बुक-खिङ्कर-वृककुलानां वानराणां च सङ्कुलेन परिपूर्णेन घोरं भयङ्करं यत् धाम तत् । बहुविधानां तृणभोजिनां पशूनां मांसादिनां हिंस्रजन्तूनां विहारस्थलानि घोर-निविडारण्यानि तत्रोपलभ्यन्त इत्यर्थः ।

(६) मेचकतित्तिर...................कृतकलरागम् ।

पशुकुलानन्तरं पक्षिकुलान् वर्णयति कविः— मेचक-तित्तिर-चटक-कपोत-कलिङ्ग-मयूरादीनां वीनां पक्षिणां रावः कलरवः यस्मिन् धाम्नि तत्। पुनः सारस-हंस-करण्डव-कोकिल-वर्तकादिभिः पक्षिभिः कृतः कलरागः ईषन्मधुरस्वरग्रामः यस्मिन् धाम्नि तत् । बहुविधानां विहगानामेतन्निवासस्थानं काकलिध्वनिपरिपूर्णं सङ्गीतमुखर-मिति अर्थप्राप्तिः ।

(७) शीशाफुलकरि................कलोदितभानम् ।

शीशानामधेयया वस्त्रेषु दर्पणसंयोजनकलया सह पुनः फुलकरि वस्त्रकलया सह (नारीणां परिधानेषु घाघ्राचोलिषु सुरम्यरङ्गभासेन सह सूचीनिर्मितचित्रसंयोजनकर्म फुलकरि-वस्त्रकला इति) शुभसाङ्ग - रूपकादिषु घुमरादिनृत्यकलासु च युतं संयोजितं गानं गीतं सङ्गीतं वा यस्मिन् धाम्नि तत् । पुनः भित्तिषु कुड्येषु सुचित्राङ्कनेन शोभनचित्रनिर्माणेन सह मार्तिकशिल्पकलोदितभानं मूर्तिकानिर्मित-शिल्पकलाभ्यः अन्याभ्यः नवीनशिल्पकलाभ्यश्च उदितं भानं दीप्तिः प्रत्यक्षज्ञानं वा यस्मिन् धाम्नि तत् ।

(८) पूजितगुरुकुल...............संस्कृतिधन्यम् ।

पूजितगुरुकुलानां रचितशास्त्रसमर्थितेन पाठितशास्त्रसमर्थितेन वा मानवानां जीवनं पूर्णं परिपूर्णं ज्ञानविज्ञानसन्तोषभरं यस्मिन् धाम्नि तत् । अत्र मानवानां जीवनगठने चरित्रनिर्माणे च गुरुकुलानां प्रभावः लक्ष्यणीयः । पुनश्च पुष्पसुरभिभरहरितभुवनस्य पुष्पसुगन्धिपरिपूरितेन सह हरिद्वर्णपरिपूर्णभुवनस्य हरियानाधाम्नः वा जनमोहनसंस्कृतिः मानवानां मनोहारिणी संस्कृतिः धन्या

यस्मिन् धाम्नि तत् । शोभनसंस्कृतिप्रभाभरं हरियानाधाम आनन्दमयमतिरमणीयं चेति ।

एकत्रिंशः सर्गः
हिमाचलधामगानम्

(१) देवानां ....सुतीर्थम् ।

देवानां भूभारत–रम्यहिमाचलधाम सुतीर्थम् अस्ति । भारतभावनिधानं तु (तत्) उन्नतधाम (त्वं) चिरं जय जय ।

देवानां देवतानां देवतासमबन्धितानां देवतुल्यानां जनानां वा भूभारत–रम्यहिमाचलधाम भूश्चासौ भारतं तस्य रम्यहिमाचलधाम रमणीयं हिमाचलनामधेयं पावननिवासस्थानं सुतीर्थं जनानां शोभनमिलनक्षेत्रम् अस्ति। भारतभावनिधानं भारतस्य भावस्य (भू+घञ्) अस्तित्वस्य शुभचिन्तनस्य दिव्यभावनायाः वा निधानं कोषागारं तु (निश्चयार्थकमव्ययपदम्) नूनं तत् उन्नतधाम विकसित–पवित्रस्थानम् । अयि पावनं धाम ! (त्वं) चिरं यथा स्यात् तथा जय जय जय । सर्वदा सर्वत्र विजयं लभस्व ।

(२) हिमगिरि..................विहारम् ।

हिमगिरि–धौरधर–पिरपिञ्जल–गिरिणां पर्वतानां कुलः पर्वतानां निचयः समूहो वा मञ्जुलहारः शोभनहारः रत्नमालालङ्कारो वा यस्य धाम्नः तत् । एषा पर्वतमाला हिमाचलधाम्नः कण्ठावलम्बिनी–रत्नमालावत् शोभमाना इति अर्थभानम् । सुपिरपिञ्जलः – शोभन–पिरपिञ्जल–पर्वतराजि इति । पुनश्च शुभ्रगगनतलेषु निर्मलाकाशस्य अधोभागेषु निर्मलभूतलेषु सुपरिष्कृतभूमिभागेषु वा शीतलमरुतस्य शीतलसमीरणस्य विहारः भ्रमणं यस्मिन् धाम्नि तत् ।

(३) चेनाव्....................हसिताभम् ।

चेनाव्–सतलुज–यमुना–नदीनां स्रुतवारिजफलं प्रवाहित–वारिभिः जातं फलम् (शस्यश्यामलफलपुष्पभरः परिणामः) अनुकूलं सुखप्रदं यस्य धाम्नः तत् । पुनरपि व्याससरिन्निभेषु व्यासनदीसदृशेषु राव्यपगादिषु रावि–नदी–प्रभृतिषु

फेनधवलहसिता आभा फेनधवला हसत् कान्तिः वा यस्य धाम्नः तत् । शुभयमुना – शुभा च सा यमुना, रमणीया मङ्गलमयी यमुनानदी ।

(४) पिप्पल................विलासम् ।

पिप्पल–रोवनिया–जलवेतस–देवकदारुणाम् अथवा ततन्नामधेयानां वनानां निवासः वासस्थानं विकासस्थानं वा यद्धाम तत् । पुनश्च अम्बुज–सेव–रसालक–पाइन–वनेभ्यः हरितयवसेभ्यः हरितबालतृणेभ्यः शादहरितेभ्यो वा जातः विलासः आनन्दमयभावः यस्य धाम्नः तत् । रोविनिया–राविनिया पेड् इति भाषायाम् । यवसः (सम्) नागकटक यवसः आल्पाइन् पाश्चरस् इति आंग्लभाषयाम्। जलवेतसः – विलोट्रि इति । अम्बुजः – ओक् वृक्षः । रसालकः = रसाल+स्वार्थे कन् । देवकदारुः = (देव+स्वार्थे कन्) देवकश्चासौ दारुः । देवदारुस्थाने देवकदारुप्रयोगः छन्दोऽनुरोधात् ।

(५) तुहिनकचित्रक..............सौरभलाभम् ।

तुहिनकचित्रकैः (तुहिन+क स्वार्थे) तुहिनशार्दूलैः वा, पुनः पिङ्गलभल्लुकैः कपिशवर्णभल्लुकैः, वानरैः कपिभिश्च चञ्चलं मुखरितं दावं वनं यस्मिन् धाम्नि तत् । (पुनश्च) वनचमर–तहर–घोर–लहरिणकादीनां तृणभोजिनां पशूनां मृगमदसौरभस्य च लाभः प्राप्तिः यस्मिन् धाम्नि तत् । अत्र तृणभोजिगन्धमृगा अपि उपलभ्यन्त इत्यर्थः। ताहिरः – छागवन्मृगविशेषः ।

(६) चटकमयूर................निनादम् ।

चटक–मयूर–तनुकशुक–कोकिलादीनां पक्षिणां गगनगगानं गगन–गमनकाल–गानम् उड्डयनकालकलरवः सुमधुरकलगीतं वा यस्मिन् धाम्नि तत् । पुनः हैमसुतित्तिराणां हिमजातः हैमः (हिम+अण्) हैमश्चासौ सुत्तित्तिरः शोभनतित्तिरपक्षी तुषारशोभिततित्तिरः, तेषां पुनः कुक्कुट–वीजन–जुजुरनादीनां पक्षिणां डयननिनादः उड्डयनकाल–कलरवः यस्मिन् धाम्नि तत् । अत्र मोनाल् फिजाण्ड् अथवा मोनाल–वीजनपक्षिणः तुषारकुक्कुटाः तुहिनतित्तिराः च उपलभ्यन्ते । जुजुरनः – जेवरपक्षी इति भाषायां, पुनः वेष्टर्ण ट्रागोपान् इति आंग्लभाषायाम्।

(७) भारतशोभन.............धवलसुहासम् ।

अस्य धाम्नः शोभाभिभूतं कवेः मनः एवं संशयमेवावगाहते- एतत् नु भारतशोभनफलभरधाम ? भारतस्य शोभनं फलभरं यत् धाम तत् । एतत् धाम भारतस्य सेवफलभाण्डागारमथवा आपल्–बावेल आफ् इण्डिआ इति कथ्यते। नु पुष्पविभूषितभासम् ? अथवा पुष्पशोभाभरमतीवरमणीयभासदीप्तम् ? अथवा एतद्धाम धवलहिम–संहतिपरिपूर्णत्वात् (ग्लासियर् – परिपूर्णत्वात्) जनधवलसुहासमिव जनानां धवलशोभनहासः यस्मिन् धाम्नि तद्वत् शिग्रितुषारसुसंहति–सञ्चितम् अस्ति । शिग्रितुहिनसंहतिः (ग्लासियर्) हिमाचलप्रदेशस्य बृहत्तमा हिमानी इति ज्ञायते ।

'अवश्यायस्तु नीहारस्तुषारस्तुहिनं हिमम् ।
प्रालेयं मिहिका चाथ हिमानी हिमसंहतिः ।।" इत्यमरः ।

(८) सौचिक–कौषिक...................शोभनगानम् ।

सौचिकहस्तकलाभिः सूचीनिर्मितहस्तवयनकलाभिः चम्बारु–मालपेशस्वतीकलादिभिः (तन्तुना संवयन्ती कलाभिः) कौषिकहस्त–कलाभिः कीटजतन्तुभिः क्षौमादिवयनकलाभिः च सह शुभकारुज–तक्षणभानं शुभकारुजातानां शोभनशिल्पिजातानां तक्षणभानं काष्ठ–प्रस्तरादीनां खोदनशिल्पकलाज्ञानं प्रत्यक्षज्ञानं वा यस्मिन् धाम्नि तत्। पुनरपि चित्रकलासु विराजितसंस्कृतिः । चित्रकलासु इति कांग्रा–पाहारि–प्रभृतिषु चित्रनिर्माणकलासु विराजिता सुशोभिता संस्कृतिः। एतादृश्या संस्कृत्या सह नाटी–नृत्यकलाशोभनगानं नाटी–नामधेयायाः सुप्रसिद्धलोकनृत्यकलायाः जातं नृत्यवाद्यसमन्वितं मनोरमगानम् अथवा एतादृशीभ्यः दाण्डि–छानक्छान्–लाहुलि–थोडादिनामधेयाभ्यः बहुनृत्यकलाभ्यः जातं शोभनसङ्गीतं यस्मिन् धाम्नि तत् ।

द्वात्रिंशस्सर्गः
विश्वगानम्

१. सर्वेषां नो . . . . भावनिधानम् ।।

विश्वस्य सर्वस्य अखिलजनसमूहस्य वा गानम् ; सार्वलौकिकं सार्वत्रिकं सङ्गीतं वा । गीतभारतमहाकाव्यस्य अन्तिमे गाने कविरत्र विश्वकल्याणाय गायति- सर्वेषां नो भुवनमिदमिति । सर्वेषां नः अस्माकं मानवानां भूतजातानां च इदं भुवनं (भूतलं गगनं जलं वा) जनजीवनशोभनतीर्थं जनानां मानवानां जीवनस्य जीवनकालस्य शोभनतीर्थं रमणीयं पावनं च मिलनस्थानमस्ति । भुवनं विष्टपेऽपि स्यात्सलिले गगने जने-इति मेदिनी । त्रिष्वोऽथो जगती लोको विष्टपं भुवनं जगत्-इत्यमरः। तदेव भुवनं चिरम् अमृतं धाम,मधुमयं सुधामयं मुक्तेः मोक्षस्य वा स्थानम् । अथवा यज्ञशेषे पुरोड़ासादौ अमृतम् । यज्ञो वै श्रेष्ठतमं कर्म-इति परोपकारस्य स्थानम् । एतदमृतं धाम तु नूनं मानवानां भावस्य अस्तित्वस्य शुभचिन्तनस्य वा निधानं निवासस्थानम् । अयि तत् धाम! (त्वं) चिरं जय जय । सार्वकालिकं विजयं लभस्व इत्यर्थः ।

२. ह्रदनद-पर्वत. . . . . .विभातम् ।।

ह्रदश्च नदश्च पर्वतश्च सागरश्च ह्रद-नद-पर्वत-सागराः । तैः चुम्बितः अनुकूलतामुपनीतः सर्वगमधु-मधुवातः सर्वगः स्रवगामी मधु मधुमयः मधुवातः चैत्रवातः वसन्तपवनः मलयपवनो वा यस्मिन् धाम्नि तत् । तदेव इदं भुवनं विश्वम् अमृतधाम इति । (पुनः) शशिश्च रविश्च शशिरवी ।तयोः करैः किरणैः प्रकाशैः परिपुष्पिते समन्तात् विकसिते वनभुवि वनभूमौ (अटव्यरण्यं विपिनं गहनं काननं वनम्-इत्यमरः) सुन्दरं मनोरमं सुरभि-विभातं सुगन्धयुक्तं प्रभातं यस्मिन्नमृतधाम्नि तदित्यर्थः । अत्र प्रथमपादे दन्त्यवर्णानां द्वीतीयपादे दन्त्यौष्ठ-तालव्यानां च प्राधान्यं गानानन्दं वर्धयति ।

३. संगत. . . . . .काम्यम् ।।

संगतेति । संगतः सम्मिलितः संयोजितः एकत्रितो वा । सङ्गतश्चासौ खगानां पक्षिणां कुलः, तेषां कलरवैः काकलिभिः कम्पितं निनादितं नीलगगनं नीलं नभः अमिताभम् अप्रमितप्रभाभरं यस्मिन्नमृतधाम्नि तत् । (पुनः) समुदितमानवेति।

समुदितमानवानां सभ्यतायाः शिरश्चुम्बितानां मानवानां निवसितभूतलम् आवासभूमिभागम् अधिगतफलं (अधि + गम् + क्त) प्राप्तफलम् (परिणामः) अपि काम्यम् आदरणीयं–प्रशंसनीयं मनोरमं वा यस्मिन्नमृतधाम्नि तत्। अपि-शब्दोऽत्र समुच्चयार्थकः । गर्हा समुच्चयप्रश्नशङ्का–सम्भावनाष्वपि–इत्यमरः। अत्र प्रथमे पादे कण्ठयवर्णानां द्वितीयपादे दन्त्यौष्ठयानां च प्राधान्यं सङ्गीतरागं परिवर्धयति ।

४. उत्सवमय. . . . . भानम् ।।

उत्सवमयेति । उत्सव प्राचुर्यार्थे मयट् । उत्सवमयेषु उत्सवपरिपूर्णेषु जनानां जीवनेषु सङ्गतं युक्तं नर्तन–वादन–गानं (नर्तनं नृत्यं,वादनं वाद्यादिवादनं, गानं गीतं च) यस्मिन् धाम्नि तत् । (पुनः) सौचिकेति । सौचिक–सूच्हि इञ्, ठञ् । वास्तुकला इति वस्तुनिर्माणकला । सौचिकम् इति सूचीविनिर्मितम्। मर्तिकं मृत्तिकादिभ्यो विनिर्मितम् । तक्षणं प्रस्तर–काष्ठादि–खोदनक्रिया-विनिर्मितम् । एताभ्यः वास्तुकलाभ्यः उदितं भानं (भा ꣳ ल्युट्) ज्ञानं तेजो वा यस्मिन् धाम्नि तत् ।

५. बहुविध . . . . .विशेषम् ।।

बहुविधेति । सङ्करः – (सम् गृ अप्) बहुविधसङ्करेभ्यः युद्धेभ्यः संग्रामेभ्यो वा शङ्कितमानवानां भयप्राप्तानां त्रस्तानां वा मानवानां कल्पितशान्तनिवेशः मनोवाञ्छित–शान्तिप्रद–निवासस्थानं यस्मिन् धाम्नि तत् । (पुनः) भ्रातृसमादरेति। भ्रातृ–भ्राज् ꣳतृच् । भ्राता सहोदरः घनिष्ठमित्रं वा तद्वत् समादरभाव-भरित–हृदि विशेषादरपरिपूरितहृदये (हृदयेषु वा) सञ्चितरागविशेषः सुरक्षितविशेषप्रणयानुरागः यस्मिन् धाम्नि तत् ।

६. सर्वशुभङ्कर. . . . . .शुभास्त्रम् ।।

सर्वशुभङ्करेति । सर्वशुभङ्करं सर्वमङ्गलप्रदायकं सर्वगं सर्वगामि सुन्दरं मनोरमं च यथा स्यात् तथा विचारितं मुनिजनानां शास्त्रं (शिष्यतेऽनेन–शासꣳष्ट्रन्) सत्यवचसामाज्ञा धर्मशास्त्रं तर्कसम्मत–सिद्धान्तपुस्तकं वा यस्मिन् धाम्नि तत् । (पुनः) सत्यसमर्पितकर्मसु सत्ये समर्पितं कर्म तेषु, सत्यानुरोधेन उत्सर्गीकृतकर्मसु, झंकृतहिंसनरहितशुभास्त्रम्–झंझमिति अव्यक्तशब्दकृतं

हिंसनरहित शुभास्त्रं हिंसाविरहितशोभनास्त्रं अहिंसारूपं शुभास्त्रं वा यस्मिन् धाम्नि तत् ।

७. वाञ्छित . . . . धन्यम् ।।

वाञ्छितेति । वाञ्छितमभिलषितं सर्वसुखोदयं सर्वसुखानामागमनं (जन्म आविर्भावो वा), सर्वनिरामयं सर्वामयरहितं रोगशून्यतां वा गतं जीवनं पुण्यं पवित्रं कल्याणकरमनुकूलं यस्मिन् धाम्नि तत् । (पुनः) विश्वेति । विश्वं च तत् कुटुम्बं विश्वकुटुम्बम् विश्वपरिवारः इत्यर्थः । तस्मात् जाताभिः संस्कृतिभिः संस्तुतं प्रशंसितं मानवजीवनं धन्यं (धन् ऱ्यत्) प्रशंसनीयं कल्याणमयं च यस्मिन् धाम्नि तत् ।

८. शोभन . . . . .मविकल्पम् ।

विश्वगानस्य अन्तिमे चरणे विश्वमङ्गलं कामयन्नाह–शोभनेति । शोभननेतृनिवह-कृत-सम्मतिः– शोभनैः शुभचिन्तकैः नेतृनिवहैः नेतृवर्गैः कृता विहिता सम्मतिः (सम् मन् क्तिन्) सहमतिः समनुकूलता अनुमोदनं वा इह नित्यम् अविरतम् एतद्भुवनं अवतु रक्षतु इति अर्थः । (पुनः) मानवानां सेवनाय या चिन्तनभूमिः तासु (अस्मिन् भुवनेऽमृतधाम्नि वा) शुभं मङ्गलम् अविकल्पं निःशङ्कं निःसन्देहं वा विलसतु आनन्दमनुभवतु मनोविनोदं वा विदधातु । अविकल्पम् न विकल्पम् (वि + कलृप् + घञ्)। अत्र साङ्गीतिक-महत्त्व-वर्धने दन्त्यौष्ठ्यवर्णनां प्राधान्यम् ।

इति रेवेन्साविश्वविद्यालयीय-स्नातकोत्तर-संस्कृतविभागमुख्याध्यापिकया ड़ाँ शुभश्रीदाशाख्यया विहिता गीतभारतमहाकाव्यस्य अमृताख्या व्याख्या समाप्ता। श्रीशः शरणम् ।

उपसंहारः

१) **अन्वयः**– इदं भुवनमोहनकारितीर्थं भारतं भुवि शान्तिप्रदं शुभं देवालयं स्यात् । अत्र उदितं सकलमङ्गलकारिशास्त्रं तु अखिलान् जनान् सर्वोदयेन पुनातु ।

अमृता- देवभूमिभारतस्य शास्त्रमहिमानं विशिनष्टि कविः- शान्तिप्रदमिति । इदं भारतं भूवनमोहनकारितीर्थं भूवनस्य समग्रजगतः सर्वेषां मानवानां वा मोहनं व्यामोहम् एन्द्रजालिकप्रलोभनं यत् तीर्थं (जनानां पावनमिलनक्षेत्रम्) करोति तद्भारतं भुवि पृथिव्यां शान्तिप्रदं शान्तिप्रदायकं शुभं मङ्गलमयं देवालयं देवतानां निवासस्थानं दिव्यधाम वा स्यात् भवितुमर्हति । अत्र उदितं समुदितं वृद्धिं प्राप्तं वा सकलमङ्गलकारिशास्त्रं जनसमुदायस्य शुभङ्करशास्त्रं वेदविधानं अथवा धर्मशास्त्राज्ञा तु नूनं अखिलान् जनान् समग्रविश्ववासिनः जनान् सर्वोदयेन सर्वेषां विकासमविहाय पुनातु पावयतु इत्यर्थः ।

२) **अन्वयः**- प्रबोधामोददायकं (इदं) वाग्देवीप्रेरितं गानं जनानुरागलाभाय शोभमानं प्रवर्धताम् ।

अमृता- वाग्देवी-प्रेरणाऽत्र काव्यकारिणीति आह- प्रबोधामोददायकमिति। प्रबोधः (प्र बुध् घञ्) यथार्थज्ञानलाभः स्वदेशानुरागलाभः स्वदेशाभिमानजागरणलाभो वा । आमोदः (आ मुद् घञ्) समन्तादानन्दलाभः । तयोः प्रबोधामादयोः दायकं प्रदायकम् इदं वाग्देवीप्रेरितं गानं वाङ्मयस्य सर्वाधिष्ठात्री-देवी-सरस्वती-प्रचोदितं गीतं गानमयं सङ्गीतमयं वा इदं पुस्तकं जनानुरागलाभाय जनानामनुरागप्राप्तये समादरलाभाय वा शोभमानं यथा स्यात् तथा प्रवर्धतां वृद्धिं लभतामिति । वाग्देवी-प्रेरणया, न तु स्वकीयचेष्टया, कविः ग्रन्थमिमं रचितवानिति अर्थभानम् । इति कविश्रीक्षीरोदचन्द्रदाश विरचितस्य गीतभारतमहाकाव्यस्य डाँ. शुभश्रीदाशविहिता अमृताख्या व्याख्या समाप्ता । श्रीशः शरणम् ।

इति कविश्रीक्षीरोदचन्द्रदाशविरचितं गीतभारतं समाप्तम् ।

Index of Verses
श्लोकानुक्रमणी

र

ल

व

श

GLOSSARY OF WORDS/ शब्दसंग्रहः

अ

अद्भुत – (Lit. The like of which did not take place) Wonderful, Marvellous, extraordinary, transcendental, supernatural.

अंशुः - A ray, beam of light, lustre, brilliance.

अनुकूल - Favourable, agreeable (Lit. Following the bank or slope, according to the current); Friendly, kind, well or kindly disposed.

अन्धतमस् - Deep or complete darkness; the gloom of hell.

अमित - Unmeasured, boundless, unlimited, infinite, great, immense, neglected, disregarded; unknown.

अमृत - Water; not dead; immortal; imperishable, eternal; **तः**- a god, an immortal, deity.

अब्धिः - The ocean, receptacle of water.

अभिषेकः - Sprinkling, watering, wetting, Annointing, inaugurating or consecrating by sprinkling water

आ

आभा - Light, Splendour, lustre; Colour, appearance, beauty; likeness, resemblance, often at the end of compound in these two senses; A reflected image, shadow, reflection.

आर्चिक, की - Relating to the Ṛgveda or explaining it, **कम्** - an epithet of the Sāmaveda.

आर्जवम् - Straightness; Straightforwardness, rectitude of conduct, uprightness, honesty, sincerity, open-heartedness.

आवलिः,-ली - A line, row, range; A series, continuous line; A dynasty, lineage.

उ

उत्पलम् - A blue lotus, any lotus or water lily.

उद्रः - Otter

उन्मद - Intoxicated, drunk; Causing intoxication, intoxicating; Mad, furious, extravagant.

उत्सवः - A festival, joyous or festive occasion, jubilee.

उपवनम् - A garden, a planted forest.

ऊ

ऊर्मिः - A wave, billow; Current, flow; Light; Speed, velocity; A row, line.

ओ

ओघः - A flood, stream, current; An inundation; A heap, quantity, mass, multitude.

ओतु :- A cat.

औ

औषध a. - Consisting of herbs.- **धम्** - A herb, herbs taken collectively; A medicament, medicinal drug, medicine in general; A mineral; A vessel for herbs.

औषधिः,धी - A herb, plant (in general); A medicinal herb; A herb which emits fire; An annual or deciduous plant.

क

कटकः, कम् - The side or ridge of a mountain; Table-land; A zone or girdle; The link of a chain; A bracelet of gold; An army, a camp; A house or dwelling; A royal capital or metropolis.

कदम्बः,- कदम्बकः:- A kind of tree; A kind of grass; Turmeric; - **म्बम्** - A multitude; - **कम्** - A multitude, group; The flower of the Kadamba tree.

कन्दरः, रम् - A cave, a valley.

कल a. - Sweet and indistinct; low, soft, sweet (note etc.); Melodious, pleasing; Making noise, jingling, tinkling etc.

कलकलः - Murmuring or hum of a crowd; Indistinct or confused noise.

कला - Any practical art (mechanical or fine); there are 64 such arts, as music, dance etc; Skill, ingenuity; (In Prosody) A syllabic instant; A form; Prowess; A small part of anything; a bit, jut. A low soft and inarticulate tone; (In poetry) Time equal to four *mātrās*.

कलायनः - Acrobat.

कलित a.- Covered with, full of; Mixed, blended with; Affected by, subject to; Impervious, impenetrable.

कल्पित a.- Arranged, made, fashioned, formed.

काकलिः,-ली f.- A low and sweet tone; A musical instrument with a low tone used by thieves to ascertain whether a person is asleep or not.

काननम् - A forest, a grove; Forest ground.

कारु a.(**रू** f.) - A maker, doer, an agent, servant; An artisan, mechanic, artist; - **रुः**- An epithet of Viśvakarman the architect of Gods; An art, a science.

कारुजः - A piece of mechanism, any product of manufacture; - nmle: - the hand of an artisan.

कुञ्जः,-ञ्जम् – A place over grown with plants or creepers, a bower, an arbour; A cave; - **कुटीरः** - a bower.

कुञ्जरः - An elephant; Any pre-eminent or excellent of its class.

कुड् (द्) मल a.– Opening, full blown, expanding (as the blossom of a flower); - **लः** - An opening bud.

कुड्यम् – A wall.

कुथः,-थम्,-था - A painted cloth serving as an elephant's housings; A carpet (in general).

कुथकः - A variegated cloth.

कुब्जकम् - Musk-rose

कूजः,कूजनम्, कूजितम् - Cooing, warbling.

केतनम् - A flag, banner; A sign, symbol; A spot, mark; A house, an abode; Place, site.

कैरवम् – The white lotus opening at moonrise; - **वी** - Moonlight.

कौशिकम् – Silk, silken garment; - HeÀue: -the cocoanut tree, said to have been created by Viśvāmitra (कौशिक).

कौशे (षे)य a.– Silk, silken; - **यम्** - silk, silken cloth in general; A woman's lower garment of silk.

ख

खग a.– Moving in the air; (-गः) A bird; Air, wind.

खिंकरः - A fox.

खेल a.– Sportive, amorous, playful; Moving, shaking; - **ला** Sport, play, pastime.

खेलनम् - play, pastime.

ग

गगनम् - The sky, atmosphere; Firmament; Heaven.

गवयः - Gayal; A species of ox; **-यी** - The female Gayal.

गानम् - Singing, a song; A sound; Going; Praise; - **विद्या** the science of vocal music.

गिरिः - A hill, mountain, an elevation; A huge rock.

गीतम् - Singing, a song.

गुञ्जः - Humming; A cluster of blossoms, bunch of flowers, a nosegay.

गुञ्जनम् - Sounding low, humming, buzzing.

गुञ्जितम् - Humming, murmuring.

गुम्फित - Strung together, tied, woven.

गुम्फः - Tying, stringing together; Putting together, composing, arrangement.

गुल्मः, -ल्मम् - A clump or cluster of trees, a thicket, wood, bush.

गौरिक – **(की)** - Mountain -born; - **कः, कम्** - Red chalk; - **कम्** Gold.

घ

घन a. - Compact, firm, hard, solid; Thick, close, dense; - **नः** A cloud; A collection, multitude, quantity, mass, assemblage.

घोर a. - Terrific, frightful, horrible, awful; Violent, vehement; - **रम्** Horror, awfulness; Poison.

च

चमरः - A kind of deer; - **रः**, - jced A chowrie most usually made of the tail of chamara.

चषकः - **कम्** – A vessel used for drinking spirits, a goblet, a wine-glass.

चारु - a. (-**रु** or – **र्वी** f.) - Agreeable, welcome, beloved, esteemed, dear; pleasing, lovely, beautiful, elegant, pretty.

चित्रक a. - Bright, lovely, agreeable; brave, powerful; A painter; A tiger in general; A small hunting leopard.

चित्रल a. - Variegated, spotted; - **लः** The variegated colour; Spotted deer.

चेतन a. (- **नी** f.) - Animate, alive, living, sentient, feeling.

चेतना - Sense, consciousness; the thinking principle, the mind.

ज

जटा - The hair matted and twisted together, matted or clotted hair; A fibrous root.

जटिल - a. - Wearing matted or twisted hair (as an ascetic); - **लः** An ascetic; A lion; A goat.

जिगीषा - Desire of conquering, subduing or overcoming; Eminence; Military ardour, warlike spirit.

जिगीषु - a. - Desirous of conquering; vying or contending with.

जित - A conquered, subdued, curbed, restrained, (as enemies, passions etc.); Won, got, obtained (by conquest); Surpassed, excelled; Subject to, enslaved or influenced by.

झ

झरः, झरा, झरी – A cascade, spring, fountain, stream.

झिल्लिका - A cricket; The sound or cry of a cricket.

झिल्लि (ल्ली)कः - A cricket.

ट

टिप्पणी – (–नी) - A gloss, a comment; Sometimes used in the sense of 'a gloss on a gloss'.

टीका – A commentary, gloss

ड

डयनम् - Flight; A litter carried upon men's shoulders, palanquin.

डीनम् – The flight of a bird.

त

तक्षणम् - Paring, cutting; – **णी** A carpenter's adze.

तक्षन् m. – A carpenter, wood -cutter (whether by caste or profession).

तण्डुलः - Grain after threshing, unhusking and winnowing; (especially rice).

तर्कः - Supposition, conjecture, guess; Reasoning, speculation, discussion, abstract reasoning; logic, the science of logic.

तरङ्गः - A wave; A section or part of a work; A leap, jump, gallop, jumping motion (as of a horse).

तरणिः, णी f. - A raft, boat.

तानः - A thread, fibre; (In music) A protracted tone, a key note; A monotonous tone; **-नम्** expanse, extension; An object of sense.

तान्तवः a. (**-वी** f.) - Made of thread; – **वम्** Spinning, weaving; A web; A woven cloth.

तालः - Beating time (in music); slapping or clapping the hands together; A musical instrument made of bell-metal; The palm of the hand; The Palmyra tree.

तिमिरः, – रम् - Darkness; Blindness.

तीरम् - A shore, bank; Margin, brim, edge; The bank of the Ganges; **- रः** A short of an arrow; Lead.

तीर्थम् – A holy place, place of pilgrimage, a shrine etc. dedicated to some holy object (especially on or near the bank of a sacred river etc.); A channel, medium, means; A sacred or holy personage, worthy person, an object of veneration, a fit recipient; A sacred preceptor, teacher; Right place or moment; A passage, road, way, ford; A descent into river, the stairs of a landing place; A place of water.

तुङ्ग a. - High, elevated, tall, lofty, prominent; Long; Vaulted; Chief, Principal; Strong, passionate; - **ङ्गः** A height, elevation; A mountain; Top, summit.

द

दर्शनम् - Looking at, seeing, observing; Knowing, understanding, perceiving, foreseeing; The eye,

Inspection, examination; Becoming visible; Visiting, paying a visit, a visit, Discernment, understanding, intellect; Judgement, apprehension; Religious knowledge, A doctrine or theory prescribed in a system; A system of philosophy; Virtue, moral, merit; Opinion; Intention; Demonstration.

दवः - A wood, forest; Wild fire, forest - conflagration.

दानम् - Giving, granting, teaching, etc. (in general); Delivering, handing over; A gift, donation, present; liberality, charity, giving away as charity, munificence; Ichor or uicej that exudes from the temples of an elephant in rut; Cutting, dividing; Purification, cleaning.

दावः - Relating to forest.

दिव्य a. - Divine, heavenly, celestial; Supernatural; Brilliant, splendid; Charing, beautiful; - **व्यः** A super human or celestial being; **व्यम्** - Celestial nature, divinity; The sky.

दुर्गः, – गम् - A citadel, fortress, castle; A difficult or narrow passage through a wood or over a stream, mountain etc., a defile, narrow pass; A rough ground; Difficulty, adversity, calamity, distress, danger.

दुर्लभ a. - Difficult to be attained, or accomplished; Difficult to be found or met with, scarce, rare; best, excellent, eminent.

दैव a. (-**वी** f.) - Relating to gods, caused by or coming from gods, divine, celestial; Royal; Depending on fate, fatal; Possessing the quality of sattva; - **वः** A worshipper of god; - Jeced Fate, destiny, luck, fortune; A god deity; A religious rite, or offering, an oblation to gods.

दैवत a. (- **ती** f.) - Divine; Honouring or worshiping as one's deity; - **तम्** A god, deity, divinity.

दोलः - Swinging, rocking, oscillating; A swing, Litter.

दोला, दोलिका - A litter, palanquin; A swing, hammock.

द्विरदः - An elephant, A tusker.

द्वीपः, -पम् - An island; A place of refuge, shelter, protection; A division of the terrestrial world.

ध

धामन् n. - A dwelling place, abode, residence, house; A place, site, resort; The inmates of a house, members of a family; A ray of light; Light, lustre, splendour; majestic lustre, majesty, glory, dignity; Power, strength, energy; state, condition.

न

नदः - A river, great river (such as Indus); A stream, flowering stream, rivulet; The ocean; A cloud.

नन्दन a. - Delighting, pleasing, gladdening; - **नः** A son; - veced Name of the garden of Indra, the Elysium; - **वनम्** The divine grove (of Indra).

नाभि, -भी m., f. - The navel; Any navel -like cavity - m. The nave of a wheel; The centre, focus, chief point; Chief, leader, head; - **भिः** f. musk.

निकाशः, -सः - Appearance, sight; Horizon; Proximity, vicinity; likeness, resemblance (at the end of the compound); Light; Secret.

निकुञ्जः, -ञ्जम् - A bower, an arbour, a place over grown with shrubs and creepers; A vault; A cavern.

निकुर (रु) म्बम् - A flock, collection, mass, multitude.

निकेतः, - तकः - A house, habitation, mansion, abode; A mark, countersign.

निकेतनम् - A mansion, house, abode.

निदेशः - Order, command, direction, instruction; Speech, narration, conversation; Vicinity, neighbourhood.

निधानम् - Putting down, laying down, depositing; Keeping, preserving; Place where anything is placed, a receptacle, reservoir; Treasure; Hoard, store, property, wealth; A place of cessation or rest; A deposit.

निधिः - Abode, receptacle, reservoir; A store -house, treasury; A treasure, store, hoard; The ocean; A man endowed with many good qualities; The science of chronology.

निन (ना) दः - Sound, noise; Buzzing, humming (of bees etc.); The sound like that of a chariot.

निभ – (At the end of compound only) - Like, similar, resembling; **-भः, -भम्** Appearance, light manifestation; Pretence, disguise, pretext; A trick, fraud.

निरत a.- Engaged or interested in; Devoted to, fond of, attached to; Pleased, delighted; Rested, ceased.

निरासः - Ejection, expulsion, throwing out, removal; Vomiting; Refuting, contradiction; Opposition; Dropping (a sound or letter etc.).

निर्झरः, - jced - A spring, waterfall, cataract, cascade, mountain - torrent.

निलयः - A hiding place, the lair or den of animals, a nest (of birds); An abode, residence, house, dwelling.

निवासः - Living, dwelling, residing; A house, abode, habitation, resting - place; A dress, garment.

निवि (बि) ड a. - Without space or interstices, close, compact; Firm, tight, fast; Thick impervious, dense, impenitrable; Gross, course; Bulky, large.

निःसार - A multitude.

नीडः, – डम् - A bird's nest; A bed, couch; A place in general, abode, resting place.

नीप - a. - Situated low, deep; The foot of a mountain; A kind of *Kadamba* (said to blossom in rainy season); - **पम्** The flower of Kadamba tree.

नृत्तम्, –नृत्यम् - Dancing, acting, a dance, a pantomime, gesticulation.

प

पङ्क्तिः f. - A line, row, range, series; A group, collection, flock, troop; A row of people (of the same caste) sitting down to a meal, a company or party at dinner of the same caste.

परागः - The pollen of a flower; Dust in general; Fragrant powder used after bathing; Sandal; An eclipse of the Sun or Moon.

परायण a. - Attached or devoted to, adhering to; Depending on, subject to, intent on, solely devoted to or absorbed in (at the end of the compound); - **णम्** The principal or highest object, chief aim, best or last resort.

परिशीलनम् - Touch, contact (Lit.); constant contact, intercourse, or correspondence; Study, application or attachment (to a thing), steady or fixed pursuit.

पाटल a. - Pale -red, of a pink or pale -red colour; The pale -red or pink colour; The trumpet flower; -**लम्** A kind of flower; Rose.

पावन a.(- **नी** f.) - Purifying, freeing from sin, purificatory, sanctifying; Sacred, holy, pure, purified; **नम्** Purifying, Purification.

पुलिनः, - **नम्** - A sand bank, sandy beach; A small island left in the bank of a river by the passing off of the water, an islet; The bank of a river.

पुष्करम् - A blue lotus; Air, sky, atmosphere; Water; - **रः**, **रम्** Name of one of the seven great divisions of the universe.

पुष्करिणी - A Lotus pool; A piece of water, lake or pool in general; The Lotus plant.

प्रति (ती) काशः - A reflection; Look, appearance, resemblance; often at the end of the compound in this sense and translated by 'like' 'resembling'.

प्रति (ती) हारः - Striking back; A door, gate; A porter, door -keepers.

फ

फेणः, - नः - Foam, frothy.

फेनि (न) ल a. - Foamy, frothy.

ब

बहुपत्रकः - Fern.

भ

भर a. Bearing, granting, supporting, etc. (at the end of the compound); **-रः** A burden, load, weight; A great number, large quantity, collection, multitude; Bulk, mass; Excess; A hymn or song of praise; Pre -eminence, excellence.

भानम् - Appearing, being visible; Light; lustre; Perception, knowledge.

भाष्यम् – Speaking, talking; Any work in the common or Vernacular language; Exposition, gloss, commentary.

भासः - Brightness, light, lustre.

भास्करः - The sun; A hero, fire.

भुवनम् - A world, the number of worlds is either three, as in tribhuvanam or fourteen; The earth; Heaven; A being, living creature; Man, mankind; Water.

भेदः - Breaking; Splitting, cleaving; Hitting (as a mark); Rending, tearing; Dividing, separating; Piercing through, perforation; Breach, rupture; Breaking open, bursting; Disturbance, interruption ; Division, separation; Difference, distinction.

भेदक a.(**-दिका** f.) - Breaking, splitting, dividing, separating; destroying or destroyer; - **कः** An adjective or differentiating attribute.

भैषजम् –ज्यम् - A medicine, drug; - **जः** The bird called lāvaka or quail; - **ज्यम्** Administering medicine, medical treatment; A medicament, medicine, drug; Healing power, curativeness.

भ्रमर - A bee, large black bee; A lover, gallant, libertine.

भ्राज् - To shine, gleam, flash, glitter; To illuminate, irradiate.

म

मञ्जुल a. - Lovely, beautiful agreeable, charming, sweet, melodious (voice etc.); - **लम्** Anarbour, a bower; A spring, well; A state of being variegated.

मणिः, -णी - A jewel, gem, precious stone; An ornament in general; Anything best of its kind; A crystal, A magnet load stone.

मण्डल a. - Round, circular; - **लः** Circular array of troops; - ueced A circular orb, globe, wheel, ring, circumference, anything round or circular; A disc especially of the sun or moon. The halo round the sun or moon; The path or orbit of a heavenly body, A multitude, group, collection, assemblage, troop, company; Society, association; A great circle; The visible horizon; A district or province; A surrounding district or territory; The circle of a king's near and distant neighbours.

मधुर a. - Sweet; Horied, mellifluous; Pleasant, charming, attractive, agreeable; Melodious (as a sound);

मधुकरः - A large black bee; A lover, libertine; sweet lime; - **री** A female bee; **कर्कटी** Sweet lime, a kind of citron; A kind of date.

मनुजः - A man, mankind; - **जा** A woman; - **जातः** A man.

मन्दिरम् - A dwelling house, habitation, place, mansion; An abode, a dwelling in general; A town; A temple; The body; - **रः** The sea; the hollow of the knee, ham.

मातुलः - The Dattura plant; A maternal uncle; -**पुत्रकः** Fruit of the Dhattura plant; The son of a maternal uncle.

मानः - Respect, honour, regard, respectful consideration; Pride (in a good sense); Haughtiness, pride, conceit, self -confidence,varity; A wounded sense of honour; Jealous, anger excited by jealousy (especially in women); anger in general; Opinion, conception; - **नम्** measuring; A measure, standard; Dimension, computation; likeness, resemblance.

मार्तिक a. (-**की** f.) Made of clay, earthen; - **कः** A kind of pitcher, the lid of a pitcher; –**कम्** A clod or lump of earth.

मुकुरः - A mirror, looking glass; A bud; The Bakula tree; The Mallika creeper.

मुकुलः, –लम् – A bud; Anything like a bud; A bud-like junction of the fingers(to close in form of a bud); Closed (as eyes).

मुखर a. - Talkative, garrulous, loquacious; Noisy, making a continuous sound, tinkling, Jugling (as an anklet) - **रित** a. Made noisy or resonant with, ringing or noisy with.

मुनिः - A sage, a holy man, saint, devotee, an ascetic; The name of the sage Agastya of Vyasa; Of Buddha; Of Panini etc.

मेदुर a. – Fat; Smooth, unctuous, soft; Thick, dense; **रित** a. thickened, made dense; Unctuous.

मृगमदः - Musk; A musk -bag.

य

यवसम् - Grass, fodder, meadow grass;

यानम् - Going, moving, walking, riding; A voyage, journey; Marching against, attacking (one of the six Guṇas or expedients in politics); A procession, train; Conveyance, vehicle, carriage, chariot; A little, palanquin; A ship, vessel.

र

रजत - Silvery, made of silver; Whitish; – **तम्** Silver; Gold; A pearl ornament or necklace; Ivory.

रम्य - Pleasing, pleasant, delightful, agreeable; Beautiful, lovely, handsome.

रागः - Colouring, dyeing, tinging; colour, hue, dye; Red colour, redness; Red dye, red lac; Love, passion, affection, amorous or sexual feeling; Feeling, emotion, sympathy, interest; Joy, pleasure; Anger wrath; Loveliness, beauty; Musical mode or order of sound (there are six primary Rāgas); Musical harmony, melody, Regret, sorrow; Greediness, envy; The quality called Rajas; Nassalisation.

राजत a. (-**ती** f.) - Silvery, made of silver; - **तम्** Silver.

राजित a. - Illuminated, brilliant.

रावः - A cry, scream, shriek, roar, the cry of any animal; Sound in general.

रासः - An uproar, a din, confused noise; A sound in general; Speech; A kind of dance practised by Krishna and the cowherds but particularly the gopīs or cowherdesses of Vṛndāvana; A sport, play.

ल

लङ्घनम् – Leaping, jumping; Going by leaps, traversing, passing over, going motion in general; mounting, ascending, rising up to; Assaulting, storming, capturing; Exceeding, going beyond, overstepping, violating, transgression; Disregarding, despising, treating with contempt, slighting; An offence, affront, insult; Fasting, abstinence; Sexual union, impregnating.

लम्फनम् – Leaping, jumping.

लम्भः - Attainment, acquirement.

लम्भनम् – Attainment, acquirement; Recovery.

लम्भित – Procured, got, obtained; Given; Improved; Employed, applied; Cherished; Spoken to, addressed; Born.

लयः - Sticking, union, adherence; Lurking, hiding; Absorption of the mind, deep concentration, exclusive devotion (to any one object); Time in music (of three kinds - **द्रुत, मध्य** and efJeueeqcyele); Rest, repose.

लाभः - Gaining, obtaining, acquirement, acquisition; Gain, profit, advantage; Capture, conquest; Perception, knowledge, apprehension; Wealth, riches.

लोकः - The world, a division of the universe (roughly speaking there are three *lokas, svarga, pṛthivī,* and *pātāla*). The earth, terrestrial world, The human race, mankind, men, A collection group, class, company; A regin, tract, district, province; Common life, ordinary practice (of the world); Common or worldly usage (opp. Vedic usage or idiom).

लोभः - Covetousness, avarice, greed, cupidity; Desire for, longing after; Avarice personified (one of the six enemies of man); Perplexity, confusion.

व

वपनम्–Showing seed; shaving, shearing; Placing, arranging; A weaving instrument; Weaver's shop (tentuśālā).

वयस् – Age, any time or period of life; youth, the prime of life; A bird in general; A crow; Health, soundness of constitution.

वर a.– Best, excellent, most beautiful or precious, choicest, finest, royal, princely; Better than preferable to; Choice, selection; A gift, present, reward, recompense; A wish, desire in general; Solicitation, entrity; Charity, Alms; A bridegroom, husband.

वर्णः - A colour, hue; A paint, dye, paint colour; Colour, complexion, beauty; Look, countenance; A class of men, tribe, caste (especially applied to the four principal castes, *brāhmaṇa, kṣatriys, vaishya, sūdra*; A letter, character, sound; A word, syllable; Outward appearance; Fame, glory, celebrity, renown.

वलयः – **यम्** – A bracelet, armlet; A ring, coil; The zone or girdle of a married woman; A circle or circumference; An enclosure, bower; A fence, hedge.

वलयितः a. - Surrounded, encircled, enclosed; whirling, round; Curling.

वल्लरिः, – **री** f. - A creeping plant; A branching fort -stock;

वाद्यम् – A musical instrument; The sound of a musical instrument.

वानरः - A monkey, an ape; Belonging to or relating to monkey.

वासः - Perfume; Living, dwelling; An abode, a habitation, house; Site, situation; A day's journey; Imagination (vāsanā); Semblance; Clothes, dress.

विः - A bird; jeped King of birds, eagle.

विकच a. - Blown, expanded, opened (as a lotus-flower etc.); Spread about, scattered over; Destitute of hair; Manifested, distinctly apparent; Brilliant, radiant.

विकल्पः - Doubt, uncertainty, indecision, hesitation; Suspicion; Contrivance; Option, alternative (in grammar).

वितान a. – Vacant, empty; Pithless, dismayed, sad; Dull, stupid, wicked, abandoned;

नः, - veced Spreading out, expansion, extension; An awning, a canopy; A collection, quantity, an assemblage; Sacrifice; The sacrificial hearth or altar; Season, opportunity.

विदारणः - War, battle; - Cee War, battle; - Ceced Rending, splitting, tearing, ripping up, breaking; Afflicting, tormenting; Killing, slaughter.

विद्रुमः - The coral tree (bearing, reddish precious gems called corals); A coral; A young shoot or sprout.

विभङ्गः - Breaking, fracture; Stopping, obstruction, stoppage; Bending, contraction (as of the eyebrows); A fold, wrinkle; A step, stair; Breaking out, manifestation; A wave.

विभव –Wealth, riches, property; Might, power, prowess, greatness; Exalted position, rank, dignity; Magnanimity; Final beautitude, absolution; Protection; Development, evolution.

विभा – To shine, to seem, appear; To become visible; To dawn; Light, lustre; A ray of light; Beauty, splendour; - **करः** The sun.

विभातम्, - ती - Day - break, dawn.

विभास् – Brightness, Splendour.

विभासा – Light, lustre.

विभावः - (In Rhet.) Any condition which produces or develops a particular state of body or mind; A friend, an acquaintance; Any exciting circumstance.

विरावः - Clamour, noise, sound.

विलासः - Sport, play, past time; Amorous past time, diversion, pleasure; Coquetry, dalliance, affectation, wantonness, graceful movement or play, any feminine gesture indicative of amorous sentiment; Grace, beauty, elegance, charm; Liveliness, joviality (considered as a masculine virtue); Lust.

विशेष a. – Peculiar; Copious, abundant; - **षः** Discrimination, distinguishing between; Distinction, difference; Characteristic difference, peculiar mark, special property, speciality, differentia.

विश्रुत – Well known, renowned, celebrated; Pleased, delighted, happy; Flowing forth; - **तम्** Fame, celebrity; Learning.

विसारः - Spreading out, expansion, diffusion; Creeping, gliding; - **रम्** Wood; Timber.

वेशः - Entrance; Ingress, access; A house, dwelling; Dress, apparel; Disguise.

वैभवम् – Greatness, glory, grandeur, magnificence, splendour, wealth; Power, might.

श

शल्यकः - A porcupine; A hunter; A dart, javelin, spike; Splinter, thorn.

शास्त्रम् – An order, command, rule, precept; A sacred precept or rule, scriptural injunction; A religious or sacred treatise, sacred book, scripture; Any department of knowledge, science; The material and spiritual science together.

शिखरः, –रम् – The top, summit or peak of a mountain; The top of a tree; Crest, tuft; Top, peak, point in general.

शिखरिन् – A mountain; A hill -fort.

शिखरिन् a.(- Ceer f.) - Crested, tufted; Pointed, peaked.

शिञ्जित –Tinkling, jingling; - leced tinkling, jingling (of anklets etc.); Clanking (of chains).

शीतल a.– Cool, cold, chill, frigid; Cool, bearable; Not exciting, calm, gentle; - **लम्** – Cold, coolness; The cold season.

शीलम् – Disposition, nature, character, tendency, inclination, habit, custom **नम्** – Repeated practice, exercise, study, cultivation; Constant application; Honouring, serving; Wearing; **शीलित** – Practised, exercised; Put on; Frequented, visited - leced Practice, conduct.

शुक्तिः - An oyster shell, pearl -oyster; A conch-shell.

शुद्ध - Pure, clean, purified; Holy, undefiled, chaste, innocent; White, bright; Stainless, Spotless; Innocent, simple, guileless.

शुनकः - A dog; A young dog.

शृङ्गम् – The top or Summit of a mountain; The top of a building, turret; Elevation, height; A horn.

श्रुत – Heard, listened to; Reported, heard of; Learnt, ascertained, understood; Well -known, famous, celebrated, renowned; - **तम्** The object of hearing; That which was heard by revelation i.e. the Veda, holy learning, sacred knowledge.

श्रुतिः - Hearing; The ear; Report, rumour, news, oral intelligence; Sound in general; The Veda.

संयत् – A batter, war, fight.

संस्कृत – Made perfect, refined, polished, cultivated; artificially made highly wrought, carefully or accurately formed, elaborated; Made ready, dressed, prepared, cooked; **संस्कृतम्** – Refined or highly polished speech; The Sanskrit language; A sacred usage.

संस्कृतिः - Preparation, perfection, determination, (modern usage) civilization, culture.

समीरः - Air, wind; Sami tree.

समीरणः - Air, wind; The breath; A traveller; Wind of the body (of which there are five); **रणम्** - Throwing, sending forth.

समृद्ध - Prosperous, flourishing, thriving; Happy, fortunate; Rich, wealthy; Rich in, richly endowed with, abounding in; Fruitful; Full -grown, increased; Full, complete, entire.

सान्द्र a. - A close, compact, having two interstices; Coarse, gross, thick, dense. Stout, strong, robust; Excessive abundant, much; Intense strong, venement.

सार a. – Essential; Best, highest, most excellent; Real, true, genuine; Strong vigorous; Sound, thoroughly proved; Highest or the best (at the end of compound);

सारः - **रम्** (But only m. only except in the first four senses), essence, essential part, quintessence; Substance, pith; Marrow; Real truth, main point.

सालः - Name of a tree or its resin; A tree in general; A rampart, a fence or wall round a building; A wall in general.

सिकता – Sand soil; Sand (generally in pl.). - **प्रायम्** A sand bank; - **सतुः** A bank of sands.

सिकतिल a.– Sandy.

सिद्ध - Accomplished, effected, performed, achieved, completed; Gained, obtained, acquired; Succeeded, successful; One who has attained his object; Settled, established; Proved demonstrated, substantiated; Valid, sound (as a rule); Admitted to be true; Decided; - **द्धः** A semi divine being supposed to be of great purity and holiness, said to be particularly characterized by eight supernatural faculties called Siddhis; An inspired sage or seer (like Vyāsa).

सुमम् – A flower.

सुरः - A God, diety; The number 'thirty three'; The sun; A sage, learned man; An idol.

सुरभि a. –Sweet smelling, fragrant, odorous; Pleasing, agreeable; Shining, handsome; Beloved, friendly; Celebrated, famous; Wise, learned; Good, virtuous; **भिः** - Fragrance, odour, perfume; The Champaka tree; The sami tree; The Kadamba tree; A kind of fragrant grass; The season of spring; The month of Chaitra; Bakula tree; Jasmine; A sort of perfume or fragrant plant; A cow.

सेचनम् – Sprinkling, watering; Effusion, aspersion, oozing, dripping; A bucket; Emission.

सैकत æa. (-**ती** f.) Consisting or made of sand, sandy, gravelly; Having sandy soil; – **तम्** A sand - bank; An island with sandy shore; A bank or shore (in general); A heap of sand.

सैन्धव a. (-**वी** f.) - Produced or born in the Sindhu territory; Belonging to the Indus; River -born; Belonging to sea, oceanic, marine; - **वः** A horse especially one bred in Sindhu; Name of a country; - **वः**, - **वम्** A kind of rock-salt.

स्थपति a.– Chief, principal; - **तिः** A king, sovereign; An architect; Wheel -wright, master -carpenter, A charioteer; One who offers a sacrifice to Bṛhaspati; An attendant on women's apartment; Name of Kubera.

स्फुट a. – Burst, rent asunder, broken, split; Opened, expanded, full-blown; Manifested, displayed, made clear; Clear, plain, distinctly visible or manifest; Bursting into view; White, bright, pure; Well -known, famous; Spread, diffused; Apparent, true; Corrected; Extraordinary, strange; – **टा**, – **टः** The expanded hood of a snake; - **टम्** ind. Clearly, evidently, distinctly, certainly, manifestly.

स्त्रोतस् – A stream, current, flow or course of water; A torrent, rapid stream; A stream, river (in general); A wave; Water; Rush, onset.

स्वर् ind.– Heaven, paradise; The heaven of Indra and the temporary abode of the virtuous after death; The sky, ether; The space above the sun or between the sun and the polar star; The third of the three Vyāhṛtayas, pronounced by every Brahmin in his daily prayer; Radiance, splendour, water.

ह

हरित् a. – Green, greenish; Yellow, yellowish; Greenish -yellow; - m. The green or yellow colour; A horse of the sun.

हरित a. (-**ता दे हरिणी** f.) Green, of a green colour, verdant;

Tawny; Dark -blue; - **तः** The green colour; A lion; A kind of grass.

हरितकम् –A pot -herb, green grass.

हरिता –The Durbā grass; Turmeric; A brow -coloured grape.

हल्लकम् – The red lotus.

हारः -Taking away, removal, seizing; conveying; Abstraction, deprivation; A carrier, Porter; A garland or necklace of pearls etc., a necklace in general; War, battle; (In math.); The denominator of a fraction; A divisor; (In prosody); A long syllable.

हृद् – The mind, heart; The chest, bosom, breast; The soul, the interior or essence of any things.

हृदयम् – The mind, heart; The chest, bosom, breast; Love, affection; The interior or essence of anything; The secret science; True or divine Knowledge; The Veda; Wish, intention.

हीरकः - A diamond.

हेमम् – Gold; The thorn apple.

हेमन् – Gold; Water; Snow; The thorn apple; The Kesara flower; Winter, the cold season; The Dattura plant.